빛과 다이아몬드

빛과 다이아몬드

초판 1쇄 발행 2020년 9월 1일

지 은 이 채성남
발 행 인 권선복
편   집 유수정
디 자 인 김소영
전 자 책 서보미
마 케 팅 권보송
발 행 처 도서출판 행복에너지
출판등록 제315-2011-000035호
주   소 (157-010) 서울특별시 강서구 화곡로 232
전   화 0505-613-6133
팩   스 0303-0799-1560
홈페이지 www.happybook.or.kr
이 메 일 ksbdata@daum.net

값 16,000원

ISBN 979-11-5602-833-8   (03230)

Copyright ⓒ 채성남, 2020

도서출판 행복에너지는 독자 여러분의 아이디어와 원고 투고를 기다립니다. 책으로 만들기를 원하는 콘텐츠가 있으신 분은 이메일이나 홈페이지를 통해 간단한 기획서와 기획의도, 연락처 등을 보내주십시오. 행복에너지의 문은 언제나 활짝 열려 있습니다.

빛과 다이아몬드

채성남 지음

감수
대한예수교장로회(합동)　사랑나눔교회 **이남택** 목사
대한예수교장로회(통합)　원주장양교회 **유희수** 목사

도서
출판 **행복에너지**

자신의 목숨은 줄지라도

소중한 자식의 목숨은 절대 내줄 수 없지요.

그런데 하나님은 스스로 그렇게 하셨습니다.

독생자 예수의 목숨을 우릴 위해 내주셨습니다.

자식을 앞세우면 가슴에 묻는다고 하지요.

십자가는 하나님의 가슴입니다!

독생자 예수를 묻은 무덤입니다!

독생자 예수를 가슴에 묻은 것은

더 많은 자녀를 낳으시기 위한

하나님의 참으로 놀랍고도 위대한 사랑입니다!

★ 일러두기 ★

본문에 표기된 성경구절은 개역한글판과 개역개정판을 혼용하였습니다.

머리말

1. 복 있는 사람은 악인들의 꾀를 따르지 아니하며 죄인들의 길에 서지
   아니하며 오만한 자들의 자리에 앉지 아니하고
2. 오직 여호와의 율법을 즐거워하여 그의 율법을 주야로 묵상하는도다.

나이 40에 감당하기 벅찬 큰 빚을 지고 죽음의 문턱을 막 넘어가려는 찰나에, 예수님을 만나 기적같이 구원을 받은 탕자가, 시편 1편의 가르침에 순종하여 하나님의 말씀을 주야로 묵상默想하였더니, 성경의 진리가 눈멀고 귀먹어 무지했던 저를 마침내 자유롭게 했습니다.

만들어진 토기는 자신을 만든 토기장土器匠을 볼 수 없지요?
만들어진 인간도 자신을 만든 조물주造物主를 볼 수 없어요!

날이 흐려 구름이 태양을 가렸다고 해서 해가 없다고 말하는

어리석은 사람은 없지요? 죄가 인간과 하나님 사이를 가로막아 우리가 잠시 하나님을 보지 못하지만 하나님이 없다고 말한다면 어리석은 사람이 아닐는지요. 토기가 토기장을 볼 수 없듯 인간은 육신의 한계로 하나님을 볼 수 없지만 그분은 우리를 보고 계신답니다.

피조된 토기는 절대로 자신의 용도를 알 수 없잖아요?
피조된 인간도 절대로 자신의 배역을 알 수 없습니다!

세상에 피조된 모든 만물은 다 지음 받은 용도가 있답니다. 인간 또한 세상에 부름 받은 각자의 배역이 있지요. 허나 아쉽게도 그 용도나 배역은 토기나 인간이 스스로는 알 수 없으며, 오로지 만든 토기장이가 알고 부르신 조물주만이 아신답니다.

창조된 토기는 토기장을 위해 만들어졌지요?
창조된 인간도 창조주를 위해 만들어졌어요!

우주 안에 창조된 모든 만물은 자신만을 위해 만들어진 것이 아니랍니다. 성경은 해가 해를 위해 만들어지고 달이 달을 위해 만들어진 것이 아니며, 같은 이치로 인간 또한 자신만을 위해 만들어진 존재가 아니라고 깨우쳐 줍니다. 인간은 오직 창조주의 영광과 그분의 찬송을 위하여 만들어졌으며, 나아가 하늘나라의 상속자로 지음 받았다고 성경은 말하고 있습니다.

인간은 자신을 낳아주신 부모를 알 수도 증명할 수도 없잖아요?
인간은 자신을 지으신 하나님을 알 수도 증명할 수도 없습니다!

인간은 낳아주신 부모가 가르쳐 주셔서 그 부모를 알듯, 지으신 하나님이 가르쳐 주셔야 그분을 알 수 있을 뿐입니다. 그래요! 저 역시 무지하고 무능하여 신을 알 수도 볼 수도 없고, 자신이 누구인지 무엇을 위해 살아야 하는지 삶의 목적과 방향조차 알 수 없었기에 신과 인간, 하나님과 예수, 원죄原罪와 자범죄自犯罪, 삶과 죽음, 교회와 예배, 천국과 부활에 대해 알고 싶었던 물음 24가지를 품고 성경 말씀을 찾아 묵상해 보았습니다.

목회자 없는 개척 교회를 약 10여 년 동안 섬길 때, 그때 주님이 주신 말씀들을 근간으로 묵상하여 이 책을 엮었습니다. 오래 전 주님이 제게 주신 말씀, "두려워하지 말라. 내가 너와 함께함이라. 놀라지 말라. 나는 네 하나님이 됨이라. 내가 너를 굳세게 하리라. 참으로 너를 도와주리라. 참으로 나의 의로운 오른손으로 너를 붙들리라." 이사야서 41장 10절 말씀, 이 말씀에 의지하여 이 책을 출간했습니다.

'지인자지 자지자명知人者智 自知者明' 노자老子는 남을 아는 것이 지혜요 나를 아는 것이 명철이라 했으나, 성경은 하나님을 경외하는 것이 지혜요 하나님을 아는 것이 명철이라고 말합니다. 노자의 가르침도 좋지만 그분의 가르침으로 우리가 신神을 알 수 없고 영생을 얻을 수도 없지요?

'여호와를 경외하는 것이 지혜의 근본이요 거룩하신 자를 아는 것이 명철이니라.'

예수를 믿든 안 믿든 상관없이 현대를 살아가는 우리 모두는 예수 탄생을 기준으로 하는 달력 '그레고리력'을 쓰며 살아가고 있어요. 하나님의 섭리지요. 바라건대 이 책을 읽으신 후, 여러분이 보다 지혜롭고 명철하게 되셔서 장차 죽으려고 사는 삶이 아니라 영원히 살려고 사는 삶을 살아가시기를 바랍니다. 당신을 위한 예수님의 참사랑이 그저 그분만의 짝사랑으로 그치지 않기를 간절히 소망하며.

2020년 07월 24일

예수께서 살린 탕자 **채성남**

차례

1장

하나님!
참 궁금해요

1. 낳아주신 아버지를
왜 알 수 없나요?

어렸을 적에 외삼촌이 가끔 나를 이렇게 놀리곤 했습니다.
"너 다리 밑에서 주워 왔어."
이럴 때는 큰소리로 "아니야!"라고 대답하곤 했지요.
하지만 가끔은 속으로 "정말 그런 거 아닐까?" 하며
아버지를 의심한 적도 있었답니다.
그러다가 누군가가 "이놈 봐라 지 애비 쏙 빼닮았네." 하면
어찌나 안심이 되던지요.

인간? 친부모조차 알 수 없는 존재

인간은 너 나 할 것 없이 지식이나 능력이 참으로 보잘것없는
상태로 태어나지요. 갓난아기에게는 단지 외부로부터 보고 듣
고 느끼는 바를 받아들이고 이를 저장하고 활용하는 능력만이
있을 뿐입니다. 얼핏 보기에 인간은 자라면서 점점 더 똑똑해
지는 것처럼 보입니다만 실은 나이가 들수록 자신이 모르는 것
이 끝도 없이 많다는 사실을 깨달아 갈 뿐이지요. 그래서 현명

한 분들은 배우면 배울수록 더욱 겸손해집니다. 아무튼 인간은 무지합니다! 일생을 통해 아는 것이라곤 그저 바닷가의 모래알 한 알 정도랄까요. 이렇게 인간들은 무지하여 저 광대한 우주와 자신을 창조하신 신神을 스스로는 결코 알 수 없는데도, 마치 자기가 신을 잘 아는 것처럼 말하거나, 혹은 신이 없다는 논리를 펴기도 합니다만, 사실 그럴수록 본인들만 공허해질 뿐입니다.

　곰곰이 따져보면 우리 인간들은 자신을 낳아 주신 부모조차도 스스로 알아보지 못하는 존재가 아닙니까? 낳아주신 부모가 어릴 적부터 "엄~마, 아~빠"라고 가르쳐 주면 당연히 그러려니 하고 믿고 살아가는 존재가 아닌지요? 당신은 당신의 부모님이 당신을 낳아주신 친부모라는 사실을 과연 믿을 수 있나요? 그렇다면 그것을 증명할 수 있습니까? 만약 어떤 사람이 당신에게 당신의 출생 배경을 의심하며 그 증거를 요구한다면 당신은 어떻게 하시겠습니까? 저라면 호적등본을 떼고, 출생증명서도 찾고, 부모님과 함께 찍은 사진들을 있는 대로 다 찾아서 보여줄 겁니다. 당신이라면 어떻게 하실 건가요? 뭔가 한두 가지 더 좋은 증거들을 보여 주실 수도 있으시겠지요. 그런데 그 모든 증거들을 직접 본 그 사람이 아무것도 믿을 수 없다며 보다 확실하고 분명한 증거를 내놓으라고 억지를 부린다면 과연 어떻게 하시겠습니까? 갓난아이인 당신을 입양하여 호적에 올렸을 수도 있다며, 생떼를 쓴다면 어찌하시겠습니까? 대략 난처하시겠지요?

이렇듯 인간은 자신을 낳아 주신 아버지조차 스스로 알 수 없으며, 증명할 수도 없습니다. 하물며 천지를 만드신 하나님 아버지를 어찌 알며 어찌 증명할 수 있겠습니까?

안데르센의 '미운 오리새끼'라는 동화 아시지요? 이 동화는 자신을 키워준 오리가 자신의 어미라고 잘못 알고 커가는 어린 백조에 대한 이야기지요. 자신의 존재가 오리와는 비교도 할 수 없는 고결한 존재인데도 이를 모르는 채, 그저 못생긴 오리로만 알고 구박 받으며 살아가는 이 가여운 백조의 모습은 창조주 아버지가 누구인지도 모르고 살아가는 우리들의 자화상이 혹 아닐는지요?

■ 고린도전서 1: 21 하나님의 지혜에 있어서는 이 세상이 자기 지혜로 하나님을 알지 못하는 고로 하나님께서 전도의 미련한 것으로 믿는 자들을 구원하시기를 기뻐하셨도다.

'이 세상이 자기 지혜로 하나님을 알지 못하는 고로' 이 말은 진리입니다! 성경은 세상의 지혜 즉 인간의 이성과 감성으로는 아무리 노력하고 연구해 보아도 하나님 아버지를 알 수 없다고 단언합니다. 인간은 그 누구도 하나님을 볼 수도 알 수도 없습니다. 우리가 그 부모를 보지 못하고 또 알지 못하고 태어나는 이치와 꼭 같지요.

그래요. 인간뿐 아니라 모든 피조된 것들은 자신을 만든 존재를 볼 수도 알 수도 없습니다! 질그릇이 어찌 그를 만든 도공을 볼 수 있으며 알 수 있겠습니까? 책상이 그것을 만든 목공을 볼 수 있고 알 수 있나요? 마찬가지, 우리가 아무리 노력해도 우리의 눈과 귀와 머리로는 우리를 만든 조물주를 볼 수도 알 수도 없답니다. 이것이 세상의 이치요 신神의 섭리입니다.

하나님 아버지를 찾는 방법

그렇다고 너무 걱정하지는 마세요. 하나님께서는 성경을 통해 창조주 아버지를 인식하거나 식별할 수 있는 방법을 미리 알려 놓으셨답니다. 자식을 낳은 부모도 자신들이 친부모임을 그 자식에게 알리거늘, 하물며 하나님께서 어찌 자신을 알려 놓지 않으셨겠습니까? 성경에는 하나님 아버지를 알아볼 수 있는 방법이 많이 있지만 중요한 것 세 가지만 살펴보지요.

① 우리가 닮은 분이 우리 아버지겠지요?

■ 창세기 1:26 하나님이 가라사대 우리의 형상을 따라 우리의 모양대
  로 우리가 사람을 만들고 그로 바다의 고기와 공중의 새와 육축과 온
  땅과 땅에 기는 모든 것을 다스리게 하자 하시고,

인간은 모두 자신의 부모를 닮아 태어납니다. 모양을 닮는
경우가 많은데 그렇지 않은 사람은 성격이라도 닮습니다. 하나
님께서 이렇게 우리가 친부모의 외모를 닮거나 성격을 닮아 태
어나게 하신 데에는 깊은 뜻이 숨겨져 있는 것 같습니다. 무지
한 우리가 장차 창조주 아버지를 알아보는 데 쓸 수 있는 좋은
방법 한 가지를 알려주신 것이지요.

『구약성경』을 통해 우리는 하나님이 우리들처럼 창조를 좋아
하시고, 복 주심을 좋아하시고, 죄와 악을 미워하시는 분이심
등등, 우리와 매우 닮은 분이라는 사실을 알게 되고, 『신약성
경』을 통해 우리 모두가 그분의 영靈을 받아 마침내 그분과 형
상形相까지 닮은 존재가 될 수 있다는 사실을 알게 됩니다. 이렇
게 하나님께서는 우리를 그분 닮은 형상과 모양으로 창조하셔

서 당신께서 우리의 아버지 되심을 알게 해 놓으신 것이지요.

② 장차 일어날 일들에 대하여 아시는 분이 하나님 아닌가요?

- 이사야서 41:21 나 여호와가 말하노니 너희 우상들은 소송을 일으키라 야곱의 왕이 말하노니 너희는 확실한 증거를 보이라 22. 장차 당할 일을 우리에게 진술하라 또 이전 일의 어떠한 것도 고하라 우리가 연구하여 그 결국을 알리라 혹 장래사를 보이며 23. 후래사를 진술하라 너희의 신 됨을 우리가 알리라 또 복을 내리든지 화를 내리라 우리가 함께 보고 놀라리라.

　기독교의 경전인 성경은 크게 둘로 나누어져 있는데, 그 이름이 매우 특이합니다. 하나는 '구약'이고 다른 하나는 '신약'입니다. 여호와 하나님께서 선지자들을 통하여 이스라엘 백성들과 언약을 맺고 통치하신 역사적 사실을 위주로 담은 책을 '구약'이라 하고, 예수 그리스도를 통해 온 인류와 맺은 새 언약을 담은 책을 '신약'이라고 하지요. 성경을 읽다 보면 다른 종교의 경전들과 구별되는 특별한 내용들이 있는데, 장래 일어날 일들에 대한 예언들과 그 예언들이 어김없이 성취된 것을 알린 기록들입니다. 오직 신神만이 장래사를 알 수 있기 때문에 그분은 계속해서 장차 일어날 일들을 인간들에게 알려 주실 수 있었던 것이지요. 그렇게 함으로써 당신이 시간의 초월자요 역사의 주관자이신 참 신神이라는 사실을 알리신 것입니다.

③ 우리 인간들을 가장 사랑하신 분이 진짜 아버지 아닐까요?

■ 열왕기상 3:25 왕이 이르되 산 아이를 둘로 나누어 반은 이 여자에게 주고 반은 저 여자에게 주라 26. 그 산 아들의 어머니 되는 여자가 그 아들을 위하여 마음이 불붙는 것 같아서 왕께 아뢰어 청하건대 내 주여 산 아이를 그에게 주시고 아무쪼록 죽이지 마옵소서 하되 다른 여자는 말하기를 내 것도 되게 말고 네 것도 되게 말고 나누게 하라 하는지라 27. 왕이 대답하여 이르되 산 아이를 저 여자에게 주고 결코 죽이지 말라 저가 그의 어머니이니라 하매 28. 온 이스라엘이 왕이 심리하여 판결함을 듣고 왕을 두려워하였으니 이는 하나님의 지혜가 그의 속에 있어 판결함을 봄이더라.

솔로몬의 명 판결을 도우신 하나님의 뜻은 어디에 있을까요? 한 아기를 놓고 두 여인이 서로 자기 아기라고 우기듯, 인간들이 나름의 신들을 만들어 놓고 자기들이 만든 신이 진짜 신이라고 우기는 세상에서, 여호와께서 우리로 하여금 참 아버지이신 당신을 식별하는 지혜를 가르쳐 주시려는 것에 있지 않았을까요?

1장. 하나님! 참 궁금해요

지혜로운 솔로몬이 아기를 향한 그 사랑을 통해 아기의 진짜 어머니가 누구인지를 알아내었듯이, 우리도 솔로몬처럼 참 신神을 그분이 우리에게 보인 그 사랑을 통해서 식별한다면 지혜로운 사람이 되겠지요?

자식의 목숨을 내줄 수 있나요?

■ 요한복음 15:13 사람이 친구를 위하여 자기 목숨을 버리면 이보다 더 큰 사랑이 없나니,

가끔은 전혀 모르는 처지인데도 위험에 처해 있는 사람을 구하고 자신이 대신 죽는 사건이 일어나곤 합니다. 우리는 그런 분에게 의인이란 칭호를 써서 높이고 기리지만, 사실 우리네 인간들끼리 모여 사는 세상에서 이렇듯 타인을 위하여 자기의 목숨을 버리는 경우는 그리 흔치 않습니다. 남을 위해 자신의 목숨을 던지는 일, 이보다 더 숭고한 일이 과연 있을까요? 글쎄요? 함께 알아볼까요?

■ 로마서 8:32 자기 아들을 아끼지 아니하시고 우리 모든 사람을 위하

여 내어주신 이가 어찌 그 아들과 함께 모든 것을 우리에게 은사로 주지 아니하시겠느뇨.

우리가 이 세상을 살아가다 보면 너 나 없이 종종 고난에 처하곤 합니다만, 그 모든 고난 중에서 정말 견디기 힘든 고통을 안겨주는 것이 있다면 무엇이 있을까요? 자식을 자신보다 앞세우는 것, 이보다 더 큰 고통은 없습니다. 그래서 자식이 먼저 죽으면 산이 아니라 부모의 가슴에 묻는다고들 하지요. 기독교인들이 믿는 여호와 하나님은 신이시지만 우리 인간들을 위하여 자신의 아들 예수를 기꺼이 내어주신 분입니다. 인간들을 죄와 사망으로부터 구하시려고, 하나뿐인 아들을 십자가에서 대신 죽게 하셨습니다. 존귀한 당신의 아들을 당신의 가슴에 묻으셨지요. 하나밖에 없는 아들의 생명을 내어주는 사랑! 이보다 더 큰 사랑은 없습니다! 자신을 내어 주는 것보다 훨씬 더 힘든 것이 자신의 아들을 내어 주는 것이니까요. 어느 종교의 신이 이런 사랑을 우리 인간들에게 베풀었단 말입니까? 단언하건대 인간이 사는 세상에서 이보다 더 큰 사랑은 있을 수 없습니다! 그 사랑, 그 놀라운 사랑 때문에 기독교인들은 여호와 하나님이 우리의 아버지요, 우리의 신이심을 굳게 믿는 것입니다.

1장. 하나님! 참 궁금해요

맺음

여호와 하나님은 참 신이시며 역사의 주관자이시며 우리의 아버지이십니다. 그 이유는 다음과 같아요.

첫째, 우리의 형상이 그분을 꼭 닮았기 때문이요.

둘째, 그분은 장차 일어날 일들을 모두 아시는 분이기 때문이요.

셋째, 하나뿐인 자식까지 버리시며 우리를 사랑하신 분이기 때문입니다!

인류 역사상 가장 많이 읽힌 책이 무엇인지 아시는지요? 그렇습니다. 성경입니다! 현재까지 대략 60억 권 이상 공급되었으며 지금도 한 해에만 3,000만 권 정도 팔리고 있다고 합니다. 여러분! 다들 지혜롭고 명철하게 살길 원하시겠지요? 그렇다면 이 베스트셀러 한 번쯤은 읽고 인생을 살아가시기 바랍니다.

쉬어가기: 예수님의 십자가 죽음

■ 히브리서 11:36 또 어떤 이들은 조롱과 채찍질뿐 아니라 결박과 옥

에 갇히는 시련도 받았으며 37. 돌로 치는 것과 톱으로 켜는 것과 시

험과 칼로 죽임을 당하고 양과 염소의 가죽을 입고 유리하여 궁핍과

환난과 학대를 받았으니 38. (이런 사람은 세상이 감당하지 못하느니

라) 그들이 광야와 산과 동굴과 토굴에 유리하였느니라.

역사상 수많은 사람들이 믿음으로 인하여 핍박당하고 순교

했습니다. 그중 많은 사람들은 죽음을 두려워하기는커녕 당당

하게 죽어갔습니다. 이런 분들을 히브리서 저자는 '세상이 감

당하지 못할 사람'이라고 말합니다. 이 중 한 사람, 이스라엘 공

회에 잡혀온 스데반 집사는 죽음 앞에서도 그 얼굴이 해같이 빛

나서 천사의 얼굴 같았었다고 합니다. 그런데 왜 예수님은 같

은 죽음 앞에서 이들과는 전혀 다른 모습을 보이셨을까요?

■ 누가복음 22:42 이르시되 아버지여 만일 아버지의 뜻이거든 이 잔을

1장. 하나님! 참 궁금해요

내게서 옮기시옵소서 그러나 내 원대로 마시옵고 아버지의 원대로 되기를 원하나이다 하시니 43. 천사가 하늘로부터 예수께 나타나 힘을 더하더라 44. 예수께서 힘쓰고 애써 더욱 간절히 기도하시니 땀이 땅에 떨어지는 핏방울같이 되더라.

예수께서는 십자가에 달려 죽으시기 직전에 겟세마네 동산에 오르시어 무려 세 번 기도하셨습니다. '이 잔을 내게서 옮기소서' 예수님은 왜 죽음을 피하려 하셨을까요? 비겁하게. '기도하시니 땀이 땅에 떨어져 핏방울같이 되더라' 이해하기 힘든 기도요 광경입니다.

■ 마가복음 10:38 예수께서 이르시되 너희는 너희가 구하는 것을 알지 못하는도다 내가 마시는 잔을 너희가 마실 수 있으며 내가 받는 세례를 너희가 받을 수 있느냐.

아시다시피 우리의 죽음은 흙으로 돌아가는 죽음입니다. 그러나 예수님의 죽음은 차원이 다른 죽음이었지요. 온 인류의 죗값을 대신 치르시는, 하나님의 무서운 진노의 잔을 마시는 죽음이었습니다! 그 가공할 진노가 실로 두려우셔서 피 같은 땀방울을 흘리셨으며, 또한 당하는 아들보다 지켜보시는 아버지의 고통이 훨씬 더 클 것이라는 사실을 너무나 잘 아셨기에 그분은 저렇게 망설이셨던 게 아닐까요.

우리가 이를 알고서야 어찌 그분의 죽음에 냉담할 수 있단 말입니까?

2. 하나님,
실례지만 존함이 어떻게 되세요?

■ 창세기 8:20 노아가 여호와께 제단을 쌓고 모든 정결한 짐승과 모든
정결한 새 중에서 제물을 취하여 번제로 제단에 드렸더니.

신이 먼저 찾아오신 종교, 기독교

'노아의 홍수'라고 들어보셨지요? 새 인류의 조상인 노아와
그의 세 아들, 셈과 함과 야벳은 하나님을 모두 잘 알고 있었습
니다. 홍수 후 1년 10일 만에 방주에서 나온 그들은 제일 먼저
하나님께 감사의 제사를 올려 드렸답니다. 그러나 세월이 흐
르자 셈과 함과 야벳에서 시작한 모든 민족들이 하나같이 하나
님을 잊고 말았지요. 하나님이 택하신 믿음의 가문 '셈의 후손

들'조차도 노아로부터 10대가 채 지나기 전에 여호와 하나님을
잊고 살았습니다. 전승傳承에 의하면 노아의 9대손 '데라'는 어
처구니없게도 갈데아 우르(메소포타미아 지역)라는 곳에서 우상을
만들어 파는 장사를 하고 있었답니다. 이 우상 장사 데라의 아
들이 바로 하나님께서 믿음의 조상으로 택한 '아브람'(아브라함)
입니다.

■ 창세기 12:1 여호와께서 아브람에게 이르시되 너는 너의 고향과 친
  척과 아버지의 집을 떠나 내가 네게 보여 줄 땅으로 가라 2. 내가 너
  로 큰 민족을 이루고 네게 복을 주어 네 이름을 창대하게 하리니 너
  는 복이 될지라.

세상의 모든 종교는 사람이 신을 찾아간 종교인데, 기독교는
신이 직접 인간을 찾아오신 종교라니 좀 특이하지요? 하나님
께서는 노아의 10대손이자 데라의 아들인 '아브람'을 택하시고
찾아오셨고(BC 2000년경) 그리고 그에게 큰 민족을 이루게 하시고
창대하게 하시겠다고 약속하시며, 그의 이름을 '아브람'에서
열국의 아버지라는 의미를 가진 '아브라함'으로 직접 고쳐주셨
답니다. 하나님의 약속대로 그는 이스라엘뿐 아니라 예수를 믿
는 모든 자들의 조상이 되었습니다. 그런데 이상하게도 하나님
은 이 믿음의 조상 아브라함은 물론이요 그의 아들인 이삭이나

또 손자 야곱에게도 자신의 호칭을 알려 주지 않으셨습니다.

모세에게 가르쳐 주신 하나님의 존함

■ 출애굽기 3:13 모세가 하나님께 아뢰되 내가 이스라엘 자손에게 가서 이르기를 너희의 조상의 하나님이 나를 너희에게 보내셨다 하면 그들이 내게 묻기를 그의 이름이 무엇이냐 하리니 내가 무엇이라고 그들에게 말하리이까 14. 하나님이 모세에게 이르시되 나는 스스로 있는 자이니라 또 이르시되 너는 이스라엘 자손에게 이같이 이르기를 스스로 있는 자가 나를 너희에게 보내셨다 하라.

세월이 한참 흐른 뒤, 즉 야곱이 죽은 지 약 400년이 흐른 뒤에야, 나이 80세가 된 도피자 모세를 택하시고, 그를 찾아오신 하나님께서 드디어 당신의 호칭을 알려 주십니다. **"나는 스스로 있는 자이니라**I am who I am" 그리고 이렇게 말씀하셨지요. '이는 나의 영원한 이름이요 대대로 기억할 나의 칭호니라' 불붙은 떨기나무에서 하나님께서 모세에게 직접 가르쳐주신 그분의 이 호칭은 히브리어로 '야훼YHWH'라고 표기한답니다. '야훼(여호와)'란 '존재하게 한다'는 뜻이지만 영어나 한국어 성경에서는 '스스로 있는 자'라고 번역했다고 합니다.

만들어진 존재와 스스로 있는 분

신과 인간은 본질적으로 무엇이 다를까요? 나는 너희들을 존재하게 한 자다! 또는 너희는 만들어진 자들이며 나는 스스로 있는 존재다! 참으로 간단명료한 말로 당신과 인간들의 차이점을 극명하게 구분 지은, 이 지혜로운 말씀은 언제 읽어 봐도 명쾌할 따름입니다. 그래요! 신과 우리의 근본적인 차이는 '야훼'(여호와)께서 직접 가르쳐 주셨듯이 존재의 차이입니다. 우리는 신에 의해 지어진 피조된 존재이며, 그분은 그 누구에게도 피조되지 않고 스스로 존재하시는 분이십니다. 어떻게 스스로 존재할 수 있을까? 이해가 되나요? 저도 이해되지는 않습니다. 그러나 믿어는 집니다. 왜냐하면 내 안에 오신 성령이 넉넉히 믿게 해 주셨기 때문입니다. 다 이해할 순 없지만 믿는 것, 이것이 신앙 아닌지요?

■ 고린도전서 1:21 하나님의 지혜에 있어서는 이 세상이 자기 지혜로 하나님을 알지 못하므로 하나님께서 전도의 미련한 것으로 믿는 자

들을 구원하시기를 기뻐하셨도다.

    거듭 말씀드립니다만 지음 받은 토기가 자신을 만든 토기장을 알 수 없듯이, 스스로 존재하시고 만물을 지으신 '야훼' 역시 우리 인간의 지혜로는 결코 알 수 없습니다. 우리는 그분이 계시해 주신 만큼만 알 수 있을 뿐입니다!

> ■ 열왕기상 18:38 이에 여호와의 불이 내려서 번제물과 나무와 돌과 흙을 태우고 또 도랑의 물을 핥은지라 39. 모든 백성이 보고 엎드려 말하되 여호와 그는 하나님이시로다 여호와 그는 하나님이시로다 하니,

    '神', 한자를 만든 누군가는 보이지 않는 신을, 제단示 위에 제물을 바치면 번개申로 응답하시는 분이라고 표현했습니다. 매우 놀랍습니다. 그런가 하면 구약성경 열왕기상 18장에 보면, 선지자 엘리야가 갈멜 산에서 바알 신을 섬기는 우상숭배자들과 대결할 때에, 판정의 기준을 자신들이 바친 제물을 불로 태우는 신이 진짜 신이라고 정해 놓고 대결을 벌였답니다. 그 결과는? 여호와 하나님께서는 엘리야의 제단에 드려진 제물만 번개 같은 불로 태우셨답니다. 어떻습니까? 한자의 표현과 성경의 이 사건이 신기하게도 일치하지요?

맺음

하나님께서 모세에게 직접 가르쳐주신 그분의 호칭은 '야
훼(여호와)' 입니다.

여러분! 세상의 어느 종교가 그들이 받드는 신이 "나는 스스
로 있는 자다."라고 직접 밝힌 경전을 갖고 있습니까? 또한 그
들이 받드는 신이 "나는 너희를 존재하게 했다."고 직접 알린
종교가 있는지요? 온 우주 만물을 지으신 참 신神이신 분이 자
신을 직접 알려주셨음에도 그분을 믿지 않는 것은, 낳아주신
부모가 내가 너를 낳았다고 알려주시는데도 이를 부정하는 것
과 다를 바가 없겠지요? 이러면 부모님이 안타까워하시듯 하
나님께서도 안타까워하시고 또 더 나아가 노여워하십니다. 우
리를 지으신 하나님 아버지를 부정하는 것은 멀쩡한 부모를 두
고 고아가 되기를 자처하는 어리석음과 너무 흡사하지 않나
요?

나를 낳아주신 부모조차도 모르고 태어나는 무지한 존재가
어찌 스스로 신을 알거나 찾을 수 있겠습니까? 찾아오시고 또
알려주신 그분을 믿을 뿐입니다.

3. 선악과를
왜 먹지 말라고 하셨나요?

"한 성읍에 두 사람이 있었습니다. 부한 사람은 양과 소가 심히 많으나 가난한 사람은 아무것도 없고 자기가 사서 기르는 작은 암양 새끼 한 마리뿐이라. 어떤 행인이 그 부자에게 오매 부자가 자기에게 온 행인을 위하여 자기의 양과 소를 아껴 잡지 아니하고, 가난한 사람의 양 새끼를 빼앗아다가 자기에게 온 사람을 위하여 잡았나이다." 하니 다윗이 그 사람으로 말미암아 노하여 나단에게 이르되 여호와의 살아 계심을 두고 맹세하노니 이 일을 행한 그 사람은 마땅히 죽을 자라.

하나님, 이해하기 참 힘들어요!

잘 아시듯이 위에서 나단 선지자가 말한 '부한 사람'은 다윗 왕을 빗대어 말한 것이었습니다. 다윗 왕도 내로남불! 우리는 나름 선과 악을 잘 구별할 줄 안다고 생각합니다만, 과연 그럴까요? 선악을 알게 하는 나무의 열매에 대한 묵상입니다.

■ 창세기 2:16 여호와 하나님이 그 사람에게 명하여 이르시되 동산 각

종 나무의 열매는 네가 임의로 먹되 17. 선악을 알게 하는 나무의 열매는 먹지 말라. 네가 먹는 날에는 반드시 죽으리라 하시니라.

에덴동산에 있는 모든 나무를 임의로 먹게 하신 하나님께서, 유독 선악을 알게 하는 나무의 열매는 먹지 말라고 엄명하셨습니다. 성경 어디에도 하나님께서 왜 이를 금하셨는지를 밝혀 놓은 글이 없습니다. 그런가하면 하나님께서 행하신 일 중에는 선악을 구별할 줄 아는 우리로서는 이해가 잘 되지 않는 사건들이 구약 성경 곳곳에서 발견됩니다. 몇 가지 예를 들어볼까요?

■ 창세기 4:8 가인이 그의 아우 아벨에게 말하고 그들이 들에 있을 때에 가인이 그의 아우 아벨을 쳐죽이니라 (중략) 15. 여호와께서 그에게 이르시되 그렇지 아니하다 가인을 죽이는 자는 벌을 칠 배나 받으리라 하시고 가인에게 표를 주사 그를 만나는 모든 사람에게서 죽임을 면하게 하시니라.

위 창세기 4장을 보면 공의의 하나님께서 살인자 '가인'을 처단하시기는커녕 그의 신변을 지켜 주시는 조치를 취하십니다. 왜 이렇게 하셨을까요?

■ 창세기 22:2 여호와께서 이르시되 네 아들 네 사랑하는 독자 이삭을

1장. 하나님! 참 궁금해요

데리고 모리아 땅으로 가서 내가 네게 일러 준 한 산 거기서 그를 번

제로 드리라.

    하나님께서 택하고 세우신 믿음의 조상 '아브라함'의 경우도 보면 이해는커녕 자칫 오해하기 딱 좋습니다. 그는 하나님의 은혜로 100세에 아들 이삭을 낳았습니다. 그런데 어느 날 하나님은 아브라함에게 이 귀한 아들을 제물로 바치라고 명령하셨지요. 왜 이렇게 하셨을까요? 또 있습니다. 창세기 27장 '야곱'의 이야기도 이해하기 매우 어렵습니다. 아버지 이삭을 속이고 형 에서가 받아야 할 축복을 가로챈 야곱의 경우에도 보면 하나님께서 악한 그에게 징계는커녕 많은 복을 주시고 마침내는 이 사기꾼 같은 자를 이스라엘의 조상으로 삼으십니다. 왜 이렇게 하셨을까요?

■ 창세기 38:15 그가 얼굴을 가리었으므로 유다가 그를 보고 창녀로 여겨 16. 길 곁으로 그에게 나아가 이르되 청하건대 나로 네게 들어 가게 하라 하니 그의 며느리인 줄을 알지 못하였음이라 그가 이르되 당신이 무엇을 주고 내게 들어오려느냐 17. 유다가 이르되 내가 내 떼에서 염소 새끼를 주리라 그가 이르되 당신이 그것을 줄 때까지 담 보물을 주겠느냐 18. 유다가 이르되 무슨 담보물을 네게 주랴 그가 이르되 당신의 도장과 그 끈과 당신의 손에 있는 지팡이로 하라 유다

가 그것들을 그에게 주고 그에게로 들어갔더니 그가 유다로 말미암
아 임신하였더라.

이는 이스라엘 열두 지파 중, 넷째 지파의 시조 '유다'와 그의
며느리 '다말'의 이야기입니다. 다말은 첫 남편인 유다의 큰아
들 엘이 죽자, 장남의 대를 이어주는 풍습에 따라 곧 둘째 아들
오난의 아내가 되지요. 그러나 형의 대를 이어주기를 싫어한
오난을 하나님께서 죽이심으로 다시 과부가 됩니다. 이에 시아
버지 유다는 며느리 다말에게, 막내아들이 장성하면 그와 혼례
를 시켜 주마고 약속하고, 그녀를 친정으로 보냅니다. 아마도
유다는 다말을 남편을 죽게 하는 흉한 여자로 여긴 듯합니다.
아무튼 세월이 흘러 셋째 아들 셀라가 장성했건만, 유다는
셀라마저 형들처럼 죽을까 걱정한 나머지 며느리와의 약속을
이행하지 않고 시간을 끌고 있었지요. 그러나 이를 눈치 챈 며
느리 다말의 계교에 넘어가, 그만 그녀와 부적절한 관계를 맺
는 과오를 저지르고 맙니다. 이 불륜 사건으로 인해 다말은 임
신을 하고 마침내 쌍둥이인 베레스와 세라를 낳는데, 이 중 베
레스가 다윗 왕의 선조가 됩니다. 하나님은 왜 이렇게 하셨을
까요?

마지막으로 이스라엘의 왕 '다윗'의 경우를 볼까요? 한층 더

1장. 하나님! 참 궁금해요

이해하기 힘듭니다. 다윗은 수하 장수 우리아의 아내 밧세바와 간통하여 그녀를 임신시켰습니다.

> ■ 사무엘하 11:14 아침이 되매 다윗이 편지를 써서 우리아의 손에 들려 요압에게 보내니 15. 그 편지에 써서 이르기를 너희가 우리아를 맹렬한 싸움에 앞세워 두고 너희는 뒤로 물러가서 그로 맞아 죽게 하라 하였더라 16. 요압이 그 성을 살펴 용사들이 있는 것을 아는 그곳에 우리아를 두니 17. 그 성 사람들이 나와서 요압과 더불어 싸울 때에 다윗의 부하 중 몇 사람이 엎드러지고 헷 사람 우리아도 죽으니라.

다윗은 이 뜻하지 않은 임신 사실을 교묘히 감추려 했으나 밧세바의 남편 우리아의 충직함으로 인해 여의치 않게 되자, 급기야는 군대장관 요압에게 지시해서 그를 사지死地로 몰아 결국 죽게 합니다. 이렇게 간통죄에 살인죄까지 저지른 다윗에게 하나님께서 그에 합당한 벌을 내리셨나요? 그렇다고 보기에는 무리가 있습니다. 밧세바를 내치게 하시기는커녕, 그 부적절한 관계에서 낳은 아들 솔로몬에게 엄청난 지혜를 주시고 더구나 왕위까지 잇게 하셨습니다. 하나님은 왜 이렇게 하셨을까요?

이상에서 살펴보았듯이 살인자 '가인', 사기꾼 같은 '야곱',

며느리와 성관계를 맺은 '유다', 간통죄에 살인죄까지 저지른 '다윗'의 경우 등, 하나같이 우리가 아는 선악을 기준으로 볼 때 정말 이해하기 힘든 사건들입니다. 하나님은 왜 이렇게 행하셨을까요? 선악을 구분할 줄 안다고 자부하는 우리 인간들의 시각으로 보았을 때 이 사건들은 하나님은 선하신가? 공의로우신가? 과연 권선징악 하는 분이신가? 하는 의문을 낳게 합니다. 이번에는 예수님의 가르침을 보겠습니다. 이 또한 우리의 상식에서 볼 때 이해가 잘 가지 않는 가르침이지요.

예수님, 이런 말씀하시면 안 되지요

- 마태복음 20:9 제 십일 시에 온 자들이 와서 한 데나리온씩을 받거늘 10. 먼저 온 자들이 와서 더 받을 줄 알았더니 그들도 한 데나리온씩 받은지라 11. 받은 후 집 주인을 원망하여 이르되 12. 나중 온 이 사람들은 한 시간밖에 일하지 아니하였거늘 그들을 종일 수고하며 더위를 견딘 우리와 같게 하였나이다 13. 주인이 그중의 한 사람에게 대답하여 이르되 친구여 내가 네게 잘못한 것이 없노라 네가 나와 한 데나리온의 약속을 하지 아니하였느냐 14. 네 것이나 가지고 가라 나중 온 이 사람에게 너와 같이 주는 것이 내 뜻이니라 15. 내 것을 가

지고 내 뜻대로 할 것이 아니냐 내가 선하므로 네가 악하게 보느냐.

예수께서 천국을 비유로 가르치신 포도원 주인의 이야기입니다. 많이 일한 자에게 많이 주는 것이 옳은데, 이 주인은 그렇게 하지 않고 똑같이 한 데나리온씩 주었지요. 이에 일찍 온 일꾼들이 항의하자 주인은 자신이 선하다고 말합니다. 이해가 되십니까? 갑질 아닌가요?

- 마태복음 22:8 이에 종들에게 이르되 혼인 잔치는 준비되었으나 청한 사람들은 합당하지 아니하니 9. 네거리 길에 가서 사람을 만나는 대로 혼인 잔치에 청하여 오라 한 대 10. 종들이 길에 나가 악한 자나 선한 자나 만나는 대로 모두 데려오니 혼인 잔치에 손님들이 가득한지라.

또 있지요. 예수께서 천국을 비유로 가르치신 혼인잔치의 비유입니다. '악한 자나 선한 자나 만나는 대로 모두 데려오니'라는 구절이 있습니다. 왜 악한 자도 데려오라고 하셨는지 이 또한 상식적으로 이해가 잘 되지 않습니다.

- 마태복음 5:44 나는 너희에게 이르노니 너희 원수를 사랑하며 너희를 박해하는 자를 위하여 기도하라.

아마 이 말씀도 이해하기 쉽지 않을 겁니다. 예수님은 원수도 사랑하라고 가르치셨습니다. 또한 박해하는 자를 위해 기도하라고 하셨지요. 원수는 갚아야지 왜 사랑해야 하나요? 나에게 악하게 대하는 사람을 왜 선하게 대해야 하나요? 이해되나요?

선악과의 심각한 후유증

■ 사사기 21:25 그때에 이스라엘에 왕이 없으므로 사람이 각기 자기의 소견에 옳은 대로 행하였더라.

유감스럽지만 아담의 후손인 우리 인간들은 아담과 하와가 선악을 알게 하는 나무의 열매를 먹은 후, 하나같이 선과 악을 구별한답시고 자신의 주관적 기준을 근거로 하여 세상을 바라보고 해석합니다. 이로 말미암아 인간들은 다음과 같이 크게 세 가지의 잘못을 저지르며 살아갑니다.

첫째, 선악을 안답시고 형제들을 비난하고, 비판하고, 정죄합니다!

둘째, 선악을 안답시고 예수님을 비난하고, 정죄하고, 죽였습니다!

셋째, 선악을 안답시고 하나님을 판단하고, 원망하고, 없다 합니다!

하나님께서 선악과를 금하게 하신 뜻이 바로 여기에 있지 않을까요? '夫', '天'. 아시다시피 이 글자는 사내 '부' 자와 하늘 '천' 자입니다. 두 글자의 모양을 비교해 보면 '夫' 자는 사내인 남성들의 교만이 하늘을 뚫고 올라간 듯한 모습이지요? 맞아요! **선악과는 우리 인간들을 하나님보다 더 높은 자리로 올려놓고 말았습니다!**

■ 로마서 9:10 그뿐 아니라 또한 리브가가 우리 조상 이삭 한 사람으로 말미암아 임신하였는데 11. 그 자식들이 아직 나지도 아니하고 무슨 선이나 악을 행하지 아니한 때에 택하심을 따라 되는 하나님의 뜻이 행위로 말미암지 않고 오직 부르시는 이로 말미암아 서게 하려 하사 12. 리브가에게 이르시되 큰 자가 어린 자를 섬기리라 하셨나니 13. 기록된 바 내가 야곱은 사랑하고 에서는 미워하였다 하심과 같으니라 14. 그런즉 우리가 무슨 말을 하리요 하나님께 불의가 있느냐 그럴 수 없느니라.

앞의 로마서에서, 하나님의 인간사 경영을 잘 깨우친 사도
바울은 하나님께서 야곱을 이스라엘 민족의 조상으로 택하신
것이, 인간 야곱의 선행이나 악행이 아닌, 오직 부르시는 이,
즉 하나님의 주권(뜻)으로 말미암아 결정되었다고 밝혔습니다.
그렇습니다! 하나님은 우리가 생각하는 선과 악에 도무지 저촉
받을 수 없는 권세를 가지신 분이십니다! 하나님은 세상을 권
선징악으로 다스릴 권한도 또 그리 아니하실 권한도 갖고 계신
분이지요! 그분은 피조된 우리에게 판단 받으실 수 없는 존귀
한 분이요, 지혜로운 분이며, 공의로운 분이요, 불의가 없으신
완전한 분이십니다. 그렇기 때문에 그분은 항상 옳으십니다!
단지 우리가 그분의 깊은 뜻을 종종 이해하지 못할 뿐입니다.

맺음

■ 마가복음 2:17 예수께서 들으시고 그들에게 이르시되 건강한 자에게
  는 의사가 쓸데없고 병든 자에게라야 쓸데있느니라 <u>나는 의인을 부
  르러 온 것이 아니요 죄인을 부르러 왔노라</u> 하시니라.

선악과를 먹지 말라고 하신 하나님의 명령을 어긴 인간들은

모두 자신이 재판장인양 행동합니다.

선악을 안답시고 형제들을 비난하고, 비판하고, 정죄합니다!
선악을 안답시고 예수님을 비난하고, 정죄하고, 죽였습니다!
선악을 안답시고 하나님을 판단하고, 원망하고, 없다 합니다!

예수께서 가르쳐 주셨듯이 우리는 모두가 죄인입니다. 죄인이 어찌 똑같은 죄인을 비난하거나 정죄할 수 있겠습니까? 하물며 어찌 감히 우리의 알량한 **인간이성**人間理性으로 하나님을 비판하고 판단하려 든단 말입니까? 이 모두가 선악과의 후유증임을 알아야 합니다. 우리는 단지 선과 악을 분별할 뿐, 판단하고 정죄하는 것은 오로지 재판장이신 예수님께만 주어진 권한이라고 성경은 가르쳐 줍니다!

■ 마태복음 7:1 비판을 받지 아니하려거든 비판하지 말라 2. 너희가 비판하는 그 비판으로 너희가 비판을 받을 것이요 너희가 헤아리는 그 헤아림으로 너희가 헤아림을 받을 것이니라 3. 어찌하여 형제의 눈 속에 있는 티는 보고 네 눈 속에 있는 들보는 깨닫지 못하느냐.

예수님은 비판하지 말라고 하셨습니다. 우리는 세상을 비판이 아닌 사랑으로 변화시킬 뿐입니다. 따라서 우리는 먼저 선악을 기준 삼아 형제들을 비판하고 정죄하는 잘못된 습관부터 버려야 할 것 같습니다. 그래야만 선악과를 먹은 후유증에서 벗어나 비로소 형제들을 사랑하고, 예수님을 사랑하고, 하나님을 사랑할 수 있게 될 것입니다. 성도들에게는 오직 분별과 용서와 사랑의 권한만 주어졌을 뿐이니까요.

'하나님이 지으신 그 모든 것을 보시니 보시기에 심히 좋았더라.'

그러니 이제 우리 함께 선악과의 후유증으로 인하여 왜곡되어버린 **'인간이성**人間理性**'**의 색안경을 용감하게 벗어버리고, 세상을 선과 악, 옳고 그름, 좋고 나쁨, 내 것 네 것 등으로 나누고 갈등하는 시비是非의 관점이 아니라, 이 모두를 아우르며 화평을 이루는 조화調和의 관점에서 내려다보면 어떨는지요? 그러다 보면 머잖아 이 세상이 하나님이 지으신 본디의 모습 '심히 좋은 세상'으로 바뀌지 않을까요?

4. 권선징악 인과응보
하시는 거 맞나요?

의로운 욥의 애처로운 시련

성경에 보면 '하나님께서 과연 의로우신가?'라는 의문을 최초로 제기한 사람은 놀랍게도 당대의 의인이었던 '욥'입니다. 욥의 이 질문에 대한 해답은 메시아요, 로마서입니다. 따라서 로마서의 주제는 이신칭의以信稱義로 보아도 좋지만 '하나님은 의로우시다'로 보는 것이 더 타당할 것 같습니다. 자세히 살펴보면 욥기는 죽음에 대한 인간의 무지, 죄에 대한 인간의 무지, 생에 대한 인간의 무지, 하나님에 대한 인간의 무지를 잘 드러내고 있습니다. 주인공인 욥 또한 무지했기에 친구들의 힐문과 정죄를 견디다 못해 격동한 나머지, 죄 없는 자신을 부당한 재난으로 징계하신 하나님은 결코 의롭지 않다고 토로하고 맙니다.

- 욥기 1:11 이제 주의 손을 펴서 그의 모든 소유물을 치소서 그리하시면 틀림없이 주를 향하여 욕하지 않겠나이까 12. 여호와께서 사탄에게 이르시되 내가 그의 소유물을 다 네 손에 맡기노라 다만 그의 몸에는 네 손을 대지 말지니라 사탄이 곧 여호와 앞에서 물러가니라.

욥은 하나님께서 '그와 같이 온전하고 정직하여 하나님을 경외하며 악에서 떠난 자는 세상에 없느니라.'고 극찬한 사람이었습니다. 그러나 욥은 하나님께서 시험을 허락하신 사탄으로 말미암아 혹독한 고난을 받게 됩니다. 욥은 먼저 그 많던 재산을 다 잃습니다. 이어서 열 명의 자녀들을 순식간에 모두 잃어버리는가 하면, 끝내는 자신의 건강마저 잃게 되고 맙니다. 이에 이르자 믿음이 좋았던 아내마저도 '당신이 그래도 자기의 온전함을 굳게 지키느냐 하나님을 욕하고 죽으라.'고 합니다. 그러나 이런 최악의 상황에서도 욥은 결코 하나님을 원망하지 않는 굳센 신앙을 견지합니다.

- 욥기 2:11 그때에 욥의 친구 세 사람이 이 모든 재앙이 그에게 내렸

다 함을 듣고 각각 자기 지역에서부터 이르렀으니 곧 데만 사람 엘리바스와 수아 사람 빌닷과 나아마 사람 소발이라 그들이 욥을 위문하고 위로하려 하여 서로 약속하고 오더니,

욥과 논쟁하는 세 친구들

욥이 겪은 이 재난에 대한 소식을 듣고 먼 곳으로부터 욥의 친구 세 사람(엘리바스, 빌닷, 소발)이 서로 약속하고 욥을 위로하려고 옵니다. 그러나 이 세 친구들은 자신의 신세를 한탄하는 욥에게 실망한 나머지 위로하기는커녕 그와 언쟁하기에 이릅니다.

그들의 이 언쟁은 꽤나 오랜 시간 동안 지속됩니다. 욥이 자신의 생일을 저주하는 3장에서부터 시작하여 31장까지 무려 29장에 걸쳐 논쟁은 전개됩니다. 욥기는 이 긴 논쟁을 통하여 당대 최고의 지성인이요 종교인이라 여겨지는 욥과 세 친구들, 그들의 죄에 대한 무지, 삶에 대한 무지, 죽음에 대한 무지, 하나님에 대한 무지를 드러나게 합니다. 욥과 그를 설득하려 든 세 친구들 사이에 벌어진 이 논쟁의 요점은 '하나님께서 이 세상을 과연 어떻게 다스리느냐'였습니다.

욥의 세 친구들은 시종일관 하나님은 권선징악과 인과응보로 세상을 다스린다고 주장합니다. 반면 욥은 선한 자들이 반드시 잘되고 악한 자들이 꼭 징계 받는 것은 아니라고 주장합니다. 세상사를 예로 들면서 이 세상이 결코 권선징악으로 다스려지지 않고 있으며 또한 반드시 인과응보로 돌아가는 것도 아니라고 반박합니다. 이에 맞서 하나님을 무리하게 변호하던 욥의 세 친구들은, 그의 얄밉도록 정연한 논리에 스스로 흥분한 나머지 수긍은커녕 계속 힐문하다 못해 결국 그를 정죄하는 지경에까지 이르게 되지요. 이에 격동한 욥은 그들과의 긴 논쟁을 끝내며, 드디어 하나님이 자신에게 행하신 것이 결코 의롭지 못하다며, 하나님을 고소하기에 이릅니다.

그렇습니다. 하나님께서 사탄에게 욥을 시험하게 하신 목적은 바로 여기에 있었습니다. 욥이 굳센 신앙심으로 깊숙이 눌러두었던 하나님에 대한 의구심, 즉 아무 죄도 없는 자신에게 이런 부당한 재난으로 벌하신 하나님은 과연 의로우신가? 라는 그 의구심을 드러내게 하기 위함이었던 것입니다.

이제 욥은 최후 변론격인 제31장에서 십계명 중 다섯 계명, 즉 살인하지 말라, 도적질하지 말라, 거짓말하지 말라, 거짓 증거하지 말라, 네 이웃을 탐하지 말라 하신 하나님의 계명을 자신은 결코 어기지 않았다고 항변한 후, 당당히 그의 진술서에서명을 합니다.

■ 욥기 31:35 누구든지 나의 변명을 들어다오. 나의 서명이 여기 있으
니 전능자가 내게 대답하시기를 바라노라. 나를 고발하는 자가 있다
면 그에게 고소장을 쓰게 하라.

하나님의 질문으로 깨우치는 욥

'전능자가 내게 대답하시기를 원하노라.' 욥은 자신에게 행하
신 하나님의 이러한 징계들은 결단코 공의롭지 못한 처사라며
피고 하나님의 변론을 요구합니다. 그러나 욥의 이러한 주장을
잘 살펴보면, 욥 또한 권선징악과 인과응보의 시각으로 자신의
재난을 해석하고 있음을 알게 됩니다. 그러다보니 자신의 재난
이 하나님의 징계인줄로 오해할 수밖에 없었던 것입니다. 아시
다시피 욥의 재난은 하나님의 징계가 아니라 하나님께서 허용
하신 사탄의 시험이었습니다.

■ 욥기 38:1 그때 여호와께서 폭풍우 가운데에서 욥에게 말씀하여 이
르시되 2. 무지한 말로 생각을 어둡게 하는 자가 누구냐 3. 너는 대장

부처럼 허리를 묶고 내가 네게 묻는 것을 대답할지니라.

    욥기 제40장, 드디어 욥과 세 친구들 앞에 나타나신 하나님은 욥에게 말씀하십니다. 그것은 당신의 의로우심에 대한 변론이 아니었습니다. 욥의 무지를 일깨워 주시는 준엄하신 물음이었습니다. "내가 땅의 기초를 놓을 때에 네가 어디 있었느냐. 네가 깨달아 알았거든 말할지니라."로부터 시작한 여호와 하나님의 몇 가지 물음, 이 물음에 단 한마디도 답할 수 없었던 욥은 이렇게 자백합니다. "무지한 말로 이치를 가리는 자가 누구니이까. 나는 깨닫지도 못한 일을 말하였고 스스로 알 수도 없고 헤아리기도 어려운 일을 말하였나이다." 이 욥처럼 우리들도 메시아가 오셔서 하나님의 의로우심을 확증하실 때까지는 하나님의 의로우심은 물론 세상 경영조차 이해할 수 없는 아둔한 존재이기에, 하나님께서는 욥기를 통해서 우리의 무지만을 깨닫게 하신 것 같습니다.

맺음

    욥기를 읽고 나면 우리가 욥의 세 친구들처럼 하나님께서 세상을 권선징악으로 다스린다고 규정하려 든다거나 타인의 삶을 단순히 인과응보로 해석하고 "저 사람은 우리가 모르게 뭔가 죄를 지어서 저렇게 되었을 거야." 하며 역경에 처한 사람을 단죄하려 드는 것은 결코 현명한 짓이 아니라는 생각을 갖게 됩니다. 왜냐하면 우리가 살아가면서 겪는 많은 시련과 고난들의 상당 부분이 하나님의 징계가 아니라 사탄의 부당한 시험이나 흉계 때문임을 깨달아 알게 되기 때문입니다. 수백 명이 탄 비행기가 추락하여 승객 모두가 한꺼번에 죽는 참사는 결코 권선징악과 인과응보의 논리로 해석할 수 없습니다. 왜냐하면 승객 모두가 똑같이 죽을죄를 진 것은 아니기 때문입니다. 이런 사태는 사탄이란 존재 없이는 결코 설명할 길이 없습니다.

이 사탄 때문에 우리의 도덕적 선행이 미래의 안전을 보장하지 못하는 경우가 종종 벌어지곤 하지요. 반면 악행을 저지른 자들에 대한 하나님의 징계가 곧바로 시행되지 않는 경우도 종종 있는데 이는 악행을 저지르는 자들 역시 하나님의 자녀들이기에, 그분께서 끝까지 회개의 기회를 주시며 기다리시기 때문일 것입니다. 이 점을 망각하고 단순히 선악의 관점에서만 세상을 바라본다면, 우리도 욥처럼 하나님의 의로우심을 의심하게 되는 함정에 빠지고 말 것입니다.

욥기는 아담과 하와의 불순종 때문에 잠시 세상 권세를 잡고 있는 사탄에 의해 하나님의 의로우심은 물론이요, 그분의 존재하심조차도 의문을 품을 수밖에 없는 게 우리네 인간이요 세상 사람 사실을 잘 깨우쳐줍니다.

쉬어가기: 간증

제가 십수 년 동안 예수 믿고 구원받길 바라며 기도해온 한 친구가 있었습니다. 드디어 그 친구가 교회를 나가기 시작했습니다. 얼마나 기뻤는지요. 그러나 그 기쁨도 잠시, 저는 그 친구가 교회를 다닌 지 6개월도 채 안 될 무렵에 암에 걸렸다는 안타까운 소식을 듣게 됩니다. 친구는 그 후 1년여 동안 투병생활을 했습니다. 국내 굴지의 병원에서 항암치료까지 받았습니다. 그러나 저와 그 친구의 독실한 부인과 외동딸, 그리고 많은 주변 사람들의 간절한 기도에도 불구하고 친구의 병은 더욱 악화되어 갔으며, 결국은 폐까지 전이되어 더 이상 손을 쓸 수 없는 지경에 이르고 맙니다.

그런데 상황이 악화될수록 저를 놀라게 한 것은 그 친구의 믿음이었습니다. 이제 막 시작한 믿음이었지만 의외로 그의 믿음은 죽음 앞에서도 전혀 흔들리지 않는 것이었습니다. 아니 오히려 죽음이 가까워져 올수록 그는 더욱 굳세어지고 담대해졌습니다. "고쳐 주시는 것도 주님이고 데려가시는 것도 주님이니 너무 걱정하지들 말아요!"라며 오히려 가족들을 위로했습니다. 그런 친구를 보며 저는 신앙생활을 오래해 온 제 자신에게 이렇게 물었지요. "만약 내가 암에 걸렸다면? 저렇게 담대할 수 있을까?"

어느 날 "성남아 예배 좀 드려줄래?" 친구의 갑작스런 부탁에 차마 거절 못 하고 목사도 아닌 제가 문병 중이던 10여 명의 가족 및 친구들과 함께 예배를 진행했는데, 바로 그 예배 때 힘겹게 찬송가를 따라 부르던 친구의 야위디 야윈 얼굴과 입김이 뿌옇게 서린 그 산소마스크를 저는 지금도 잊을 수가 없습니다. 임종 이틀 전 일이었지요.

그의 나이 50대 중반! 제가 아는 한 그 친구는 살아오는 동안 이렇게 죽을 만한 죄를 저지른 적이 없었습니다. 그런 친구를 그냥 죽게 버려두셨으니 하나님이 공의롭지 않으신 것 같았습니다. 그렇게 간절히 기도했건만 응답 받지 못하고 나니 슬프고 허무하다 못해 하나님이 원망스러웠습니다. 그러나 장례를 치른 후 하나님은 제게 깨우쳐 주셨습니다. 살리는 것이 그에게 유익한 것인지 죽게 놔두는 것이 그에게 유익한 것인지에 대해서 말입니다.

그 가부를 시공時空에 갇혀 있는 어리석은 우리네 인간들은 결코 알지 못하며, 죽음 후의 세계까지 멀리 내다보시는 여호와 하나님, 그분만이 바르게 아시고 또한 선택하신다는 것을. 또한 암癌은 결코 하나님의 징계가 아니라는 것과, 아울러 하나님은 그 암조차도 선용하셔서, 비록 초신자였지만 죽음 앞에서도 결코 굴하지 않는 친구의 굳센 믿음을 드러내게 하셨고, 그 믿음으로 그를 의롭다 하시고, 마침내 그를 하늘나라로 올리셔서, 큰 자가 되게 하셨다는 것을 깨우쳐 주셨습니다. 친구의 믿음을 잘 드러나게 하신 은혜로운 하나님을 찬양합니다!

■ 누가복음 13:30 보라 나중 된 자로서 먼저 될 자도 있고 먼저 된 자로서 나중 될 자도 있느니라 하시더라.

5. 하나님,
살아게신 거 맞지요?

왜 착한 사람들을 죽게 놔두셨나요?

■ 창세기 4:8 가인이 그의 아우 아벨에게 말하고 그들이 들에 있을 때
에 가인이 그의 아우 아벨을 쳐 죽이니라.

하나님이 살아 계시다면 세상에 왜 이런 일들이 벌어질까
요? 하나님은 아담과 하와가 낳은 첫 아들 가인이, 의로운 제
사를 드린 친동생 아벨을 질투하여 죽일 때에 그를 구하지 않으
셨습니다. 하나님은 과연 살아계실까요? 하나님은 헤롯 안디
바가 세례 요한의 목을 벨 때에도 이를 그냥 두고 보셨습니다.

하나님은 과연 살아게실까요? 하나님은 초대 예루살렘 교회의 신실한 종 스데반 집사가 죽을 때에도 그를 구하지 않으셨습니다. 하나님은 과연 살아 계실까요? 하나님은 예수님의 열두 제자 중 하나인 야고보 사도가 죽을 때에도 침묵하셨습니다. 하나님은 과연 살아게실까요? 2007년 탈레반이 샘물교회 배형규 목사를 납치해서 죽일 때에도 하나님께서는 침묵하셨습니다. 하나님은 과연 살아게실까요? 공의로우신 하나님이 살아 계신데 세상이 왜 이 모양인가요? 좋은 사람들이 일찍 죽고 나쁜 사람들은 오래 살고, 착한 사람들이 가난하고 악한 사람들은 부유하고, 못된 사람들이 권력을 잡고 선한 사람들은 힘이 없고.

왜 이 사람들은 살리셨나요?

■ 다니엘 6:20 다니엘이 든 굴에 가까이 이르러서 슬피 소리 질러 다니엘에게 묻되, 살아 계시는 하나님의 종 다니엘아 네가 항상 섬기는 네 하나님이 사자들에게서 능히 너를 구원하셨느냐 하니라 21. 다니엘이 왕에게 아뢰되 왕이여 원하건대 왕은 만수무강 하옵소서 22. 나의 하나님이 이미 그의 천사를 보내어 사자들의 입을 봉하셨으므로 사자들이 나를 상해하지 못하였사오니 이는 나의 무죄함이 그 앞에 명백

함이오며 또 왕이여 나는 왕에게도 해를 끼치지 아니하였나이다.

이에 반해 사자 굴에 던져졌던 다니엘은 하나님께서 살리셨습니다. 또한 요나서 1장 15절에 보면 바다에 던져졌던 요나의 경우도 하나님께서 큰 물고기를 예비해 두셨다가 살리셨습니다.

- 사도행전 12:6 헤롯이 잡아내려고 하는 그 전날 밤에 베드로가 두 군인 틈에서 두 쇠사슬에 매여 누워 자는데 파수꾼들이 문밖에서 옥을 지키더니 7. 홀연히 주의 사자가 나타나매 옥중에 광채가 빛나며 또 베드로의 옆구리를 쳐 깨워 이르되 급히 일어나라 하니 쇠사슬이 그 손에서 벗어지더라.

또한 헤롯에 의해 예루살렘에서 옥에 갇혔던 베드로도 하나님께서 살리셨습니다. 이렇듯 다니엘, 요나, 베드로의 경우를 보면 하나님께서 살아계신 것 같습니다.

더 높은 하나님의 생각과 길

- 이사야 55:8 이는 내 생각이 너희의 생각과 다르며 내 길은 너희의

1장. 하나님! 참 궁금해요

길과 다름이니라 여호와의 말씀이니라 9. 이는 하늘이 땅보다 높음 같이 내 길은 너희의 길보다 높으며 내 생각은 너희의 생각보다 높음 이니라.

이 말씀을 통해 우리는 하나님의 생각이 우리의 생각과 다를 수는 있다 할지라도, 그분의 생각과 그분이 택하신 길이 항상 우리의 그것보다 더 높다는 사실을 새삼 알 수 있습니다. 이는 너무나 당연한 말씀입니다. 따라서 살리고 죽이는 주권을 하나 님 아버지께서 행사하시는 것에 대하여 우리는 잠잠해야만 합 니다. 오늘날에도 여전히 어떤 성도들은 죽음으로부터 하나님 의 은혜로 건져냄을 받지만, 어떤 성도들은 그렇지 못하고 죽 음을 맞습니다. 그러나 그들의 죽음과 상관없이 하나님은 살아 계십니다! 다만 우리가 그분이 언제 개입하시고 언제 개입하지 않으시는지, 그때와 그 이유를 왕왕 알지 못할 뿐입니다.

■ 누가복음 23:35 백성은 서서 구경하는데 관리들은 비웃어 이르되 저 가 남을 구원하였으니 만일 하나님이 택하신 자 그리스도이면 자신 도 구원할지어다 하고 36. 군인들도 희롱하면서 나아와 신 포도주를 주며 37. 이르되 네가 만일 유대인의 왕이면 네가 너를 구원하라 하 더라.

백성과 관리들이 십자가에 달린 예수께 "하나님이 택하신 자 그리스도이면 자신도 구원할지어다."라고 놀렸지만 하나님은 자신의 아들조차 죽게 내버려두셨습니다.

- 마태복음 27:46 제 구시쯤에 예수께서 크게 소리 질러 이르시되 엘 리 엘리 라마 사박다니 하시니 이는 곧 나의 하나님, 나의 하나님, 어 찌하여 나를 버리셨나이까 하는 뜻이라.

만약 십자가에 달리신 예수님을 하나님께서 천사들을 동원 하셔서 구원하셨다면 인류는 어떻게 되었을까요? 예수님의 구 원사역은 당연히 실패했을 것입니다.

맺음

- 욥기 34:12 진실로 하나님은 악을 행하지 아니하시며 전능자는 공의 를 굽히지 아니하시느니라.

하나님은 선과 악을 초월하여 살아계십니다. 많은 사람들 이 만약 하나님이 존재하시거나 하나님이 살아 계시다면 착한 사람이 잘돼야 하고 악한 사람들은 즉각 징계 받아야 된다고 주장합니다. 하나님이 살아 계시다면 왜 목사님들이 암에 걸리고 왜 장로들이 사업에 실패하냐고 묻습니다. 왜 믿지 않는 사람들이 돈을 많이 벌고 높이 되고 권세를 누리느냐고 따집니다. 그렇습니다. 이 세상이 꼭 권선징악과 인과응보로만 돌아가는 것이 아니기 때문에 하나님께서 안 계신 것으로 자칫 오해할 수 있습니다. 그러나 성경은 하나님께서는 인간이 알지 못하는 죽음 후의 세계까지 놓고 크게 경영하신다는 사실을 말하고 있습니다. 우리가 현세의 삶만 보지 않고, 죽음 후에 있을 심판과 천국의 삶까지 감안한다면, 마침내 하나님께서 권선징악 하시고 인과응보 하신다는 것을 알 수 있습니다.

■ 로마서 4:3 성경이 무엇을 말하느냐 아브라함이 하나님을 믿으매 그것이 그에게 의로 여겨진 바 되었느니라.

하나님께는 그분을 믿는 것이 선이요 그분을 믿지 않는 것이 악입니다! 따라서 마지막 때에 믿는 자에게는 충분한 보응과 상급이, 믿지 않는 자에게는 심판과 그에 상응하는 벌이 내려짐으로써 비로소 하나님의 공의가 실현되고 완성된다고 성경은 가르치고 있습니다. 하나님은 살아계십니다! 세상이 다소 모순되게 보이는 것은 세상 권세의 일부를 잠시 잡고 있는 사탄 때문입니다. 또한 타락한 인간들의 심성 때문입니다.

■ 에베소서 1:17 우리 주 예수 그리스도의 하나님, 영광의 아버지께서
　 지혜와 계시의 영을 너희에게 주사 하나님을 알게 하시고

　그러나 다른 그 무엇보다도 하나님께서 살아 계심을 알게 하시는 분은 에베소서 1장 17절에서 사도 바울이 밝혔듯이 지혜와 계시의 영 성령이십니다. 여러분도 예수 믿고 성령을 받게 되면 하나님께서 살아계심을 알게 하는 계시를 반드시 받게 될 것입니다. 오늘도 변함없이 해가 뜨고, 계절이 돌아오며, 온 우주가 안전하게 운행되고, 우리가 평범한 일상日常을 누리는 것! 이런 것들이야말로 하나님께서 살아계신다는 사실을 확증하는 것들이 아닐까요? 일상이 곧 하나님께서 살아계셔서 베푸시는 기적입니다!

1장. 하나님! 참 궁금해요

6. 성령을 꼭
받아야 하나요?

"지구 바깥 우주에 생명체가 과연 있을까요, 없을까요?"

많은 과학자들이 지구 밖의 생명체의 존재에 관심을 갖고 연구를 진행하고 있습니다. '외계 지적 생명체'에 대한 호기심을 불러일으킨 장본인은 퍼시벌 로엘 박사랍니다. 로엘은 자신이 만든 천문대에서 화성을 장기간 관측해 본 후, 화성에 생명체가 인위적으로 만든 운하가 있다고 주장했습니다만, 1969년 매리언 화성 탐사선이 화성에 가서 탐사한 결과 사실이 아닌 것으로 밝혀집니다. 그럼에도 불구하고 인간들의 호기심은 멈추지 않습니다. 외계 지적 생명체 찾기 운동을 영어로는 세티(seti)라고 부른답니다.

성경은 휴대폰 같은 것

본격적인 '세티'는 1960년에 프랭크 드레이크 박사가 43미터 크기의 전파 망원경으로 외계 신호를 관측하면서 시작되었답니다. 현재는 미국은 물론 전 세계에 등록한 네티즌이 500만 명에 이르고 이 중 17만 명이 32만 대의 컴퓨터로 이 작업을 열성

적으로 수행 중에 있답니다. 미지의 생명체의 신호를 듣기 위해서 인간들이 쏟는 관심과 열정이 이러한데 하나님의 음성을 듣기 위해 과연 우리는 얼마나 많은 관심과 노력을 기울이고 있는지요?

예수께서는 모든 사람들에게 각각 휴대전화(?)를 선물하셨습니다. 사람들과 관계를 맺고 소통하고 싶으신 것이지요. 그런데 이 휴대전화를 어떻게 활용하느냐에 따라서 사람들을 나눌 수 있는데 과연 어떤 부류의 사람들이 있는지 살펴볼까요?

① 의심형

어떤 사람들은 주님이 주신 휴대전화에 전혀 관심이 없습니다. 주변에서 아무리 권해도 못 들은 척합니다. 마치 휴대전화에 빠지게 되면 큰일이라도 나는 것처럼 경계심을 늦추지 않고 산답니다. 휴대전화의 기능을 의심하며 거저 준다 해도 완강히 거부합니다.

② 주일형

그런가 하면 어떤 사람들은 이를 액세서리로 여기는 사람들이 있습니다. 휴대전화를 들고는 다니는데, 일주일에 딱 한 번 일요일에만 사용합니다. 문제는 배터리를 넣지 않고 있기 때문

1장. 하나님! 참 궁금해요

에 사실은 주님과 직접 통화하는 것이 아니라 목사님이 통화하신 내용만 전해들을 뿐입니다.

③ 방전형

세 번째는 휴대전화를 사용하지만 시간이 지나면 불평하는 사람들이 있습니다. 이유는 배터리가 방전되기 때문입니다. 휴대전화의 배터리는 성령입니다. 이 배터리는 매일 매일 충전하는 것이 좋습니다. 배터리는 성경말씀을 실천할 때 가장 빠르게 충전됩니다.

앞의 ②, ③형의 교인들만 자주 본 사람들은 이렇게 말합니다. "그 시간에 차라리 다른 거 하는 게 낫겠다. 헌금이 아깝지도 않나? 일요일에 골프다 등산이다 할 게 많은데 교회 나가면 이 좋은 것들 다 못 한다. 그뿐 아니다. 술도 못하고 담배도 끊어야 하니 자유는커녕 구속만 받게 된다. 그런데 왜 나가? 내가 바보야?" 그렇습니다! 나름 계산이 빠른 분들입니다. 교회 나가면 금전적으로 손해, 시간적으로 손해, 쾌락적으로도 손해 본다고 생각합니다. 그런 것들이 삶에 있어서 제일 가치 있는 것들이라 생각하시는 것이겠지요? 그렇다면 마지막 또 다른 한 가지 유형을 살펴볼까요?

④ 충만형

주님과 가끔 화상통화까지 하고 계신 분들이지요. 물론 이분들은 평상시에는 수신과 발신 기능을 모두 잘 활용하고 계시지요. 성령이 매우 충만한 분들입니다. 사실 이런 휴대전화의 기능을 전혀 사용해 보지 못한 분들은 휴대전화에 이런 기능이 있다는 점조차도 믿기 어렵다고들 하시지요.

아무튼 여러분은 지금 어떤 유형에 속하고 계시나요? 예수께서 제자들과 함께 완성하셔서 우리에게 주신 휴대전화, 즉 성경은 은혜로 읽히는 책입니다. 성령 없이 결코 바르게 읽을 수 없습니다! 저처럼 40이 되어서야 은혜 받고 읽은 사람이 있는가 하면, 『나니아 연대기』를 쓴 C.S.루이스처럼 기독교를 비판하려고 읽다가 은혜 받아 입교한 사람도 있습니다. 그런가 하면 철학자 버트런드 러셀같이 은혜 없이 성경 읽고 오히려 부작용을 일으켜 믿음의 길에서 벗어난 참으로 안타까운 지성인도 있습니다.

성령 없이 성경 읽으면?

그렇습니다. 세상 지식과 지혜는 성경을 읽는 데 도움도 되지만 도리어 방해가 되는 경우도 많습니다. 성경은 오로지 은혜, 즉 성령을 받은 사람만이 바르게 읽을 수 있는 신비한 책입니다. 또한 성령을 받았다 할지라도 성경을 읽을 때에는 반드시 "사탄이 훼방하지 못하게 하시고 오직 성령께서 깨우쳐 주시는 진리만을 알게 하소서!"라고 기도부터 한 후 읽으면 좋습니다. 사탄은 우리가 성경을 읽을 때 우리 옆에 자주 찾아옵니다. 왜냐하면 그의 특기가 하나님의 말씀을 왜곡하는 것이기 때문입니다. 사탄을 대적하는 기도 없이 성경을 읽다가는 이단의 함정에 빠지기 쉽다는 점을 명심하시기 바랍니다.

- 요한복음 3:5 예수께서 대답하시되 진실로 진실로 네게 이르노니 사람이 물과 성령으로 나지 아니하면 하나님 나라에 들어갈 수 없느니라 6. 육으로 난 것은 육이요 성령으로 난 것은 영이니 7. 내가 네게 거듭나야 하겠다 하는 말을 기이히 여기지 말라.

- 고린도전서 12:3 그러므로 내가 너희에게 알게 하노니 하나님의 성령으로 말하는 자는 누구든지 예수를 저주할 자라 하지 않고 또 성령으로 아니하고는 누구든지 예수를 주시라 할 수 없느니라.

성령을 받으셨습니까? 혹 아직도 받지 못하신 분이 계십니까? 받으셔야 합니다! 반드시 받으셔야만 합니다! 왜 성령을 받아야 합니까? 성령으로 거듭나지 아니하면 성경을 제대로 읽을 수도 없고, 영이신 하나님과 소통할 수도 없고, 하늘나라에 들어갈 수도 없기 때문입니다. 성령을 받지 않으면 성경을 읽어도 진리를 정확하게 알 수 없으며 또한 예수를 주主라 시인할 수도 없으니까요.

■ 고린도전서 12:28 하나님이 교회 중에 몇을 세우셨으니 첫째는 사도요 둘째는 선지자요 셋째는 교사요 그 다음은 능력을 행하는 자요 그 다음은 병 고치는 은사와 서로 돕는 것과 다스리는 것과 각종 방언을 말하는 것이라 29. 다 사도이겠느냐 다 선지자이겠느냐 다 교사이겠느냐 다 능력을 행하는 자이겠느냐 30. 다 병 고치는 은사를 가진 자이겠느냐 다 방언을 말하는 자이겠느냐 다 통역하는 자이겠느냐 31. 너희는 더욱 큰 은사를 사모하라 내가 또한 가장 좋은 길을 너희에게 보이리라.

여러분! 성령 받은 확신이 없으시다면 은사를 사모하시기 바랍니다. 성령 받은 증거 중에 가장 흔한 것은 방언의 은사지요. 그러나 성령 받은 성도의 가장 큰 특징은 뭐니 뭐니 해도 말씀을 사모하여 성경을 즐겨 읽는 습관이요, 예수 닮은 새사람으로 거듭나는 변화요, 전도에 대한 열정입니다. 성령의 도우심이 없이는 우리는 이기적인 존재로 살 수밖에 없습니다. 성령 없이 믿을 수 없고, 성령 없이 소망 없으며, 성령 없이 결코 사랑할 수 없습니다!

맺음

■ 누가복음 11:10 구하는 이마다 받을 것이요 찾는 이가 찾을 것이요 두드리는 이에게 열릴 것이니라 11. 너희 중에 아비 된 자 누가 아들이 생선을 달라 하면 생선 대신에 뱀을 주며 12. 알을 달라 하면 전갈을 주겠느냐 13. 너희가 악할지라도 좋은 것을 자식에게 줄줄 알거든 하물며 너희 천부께서 구하는 자에게 성령을 주시지 않겠느냐 하시니라.

예수께서는 성령을 받기 원한다면 구하고, 찾고, 두드리라고 말씀하셨습니다. 여기서 구하고 찾고 두드릴 것은 돈과 명예와 권력이 아니라 성령입니다! 누구에게 구하나요? 오로지 하나님 아버지께 구해야 합니다. 구하는 사람의 신분, 재산, 학벌, 출신, 선행 등 그 어떤 조건도 성령을 받는 데는 소용이 없습니다. 오로지 예수를 믿고 구하기만 하면 성령을 주신다고 주님께서 가르쳐 주셨습니다. 하나님께는 온 인류가 그분의 자녀입니다. 집(교회) 안에 있든 집 밖(교회 밖)에 있든, 여러분이 인정하든 부정하든 상관없이 우리는 모두 하나님의 자녀입니다. 때문에 그분은 우리와 소통하시기를 원하십니다. 성령은 하나님과 잘 소통하게 하며 그분에게로 돌아가는 유일한 티켓이기도 합니다. 예수 믿고 성령 받아 성경을 읽으면서 하나님과 자주 통화해 보세요. 얼마나 좋은지 모른답니다.

1장. 하나님! 참 궁금해요

2장

인생도
참 궁금해요

7. 인간은
꼭 죽어야 하나요?

■ 창세기 2:7 여호와 하나님이 땅의 흙으로 사람을 지으시고

한자(漢字)에 숨겨진 인간 창조의 비밀

인간이 왜 죽는지를 알려면 먼저 인간을 누가 어떻게 만들었는지를 알아야 도움이 될 것입니다. 하나님께서 인간을 흙으로 만드셨습니다. 어떻게 알 수 있나요? 함께 알아볼까요?

■ 로마서 1:20 창세로부터 그의 보이지 아니하는 것들 곧 그의 영원하신 능력과 신성이 그가 만드신 만물에 분명히 보여 알려졌나니 그러므로 그들이 핑계하지 못할지니라.

앞에서 말하는 '만물'이란 문자도 포함된다고 보아야 할 것입니다. 특별히 상형문자인 한자漢字를 만드는 사람들에게 하나님의 많은 계시가 있었던 것 같습니다. 상형문자의 대표 격인 한자 중에 몇 글자만 살펴보지요.

'生', 아시다시피 '날 생' 자는, 사람 인人과 흙 토土를 합친 글자입니다. 고대에 이 생生자를 만든 중국 사람들은 매우 현명한 사람들이었음이 분명합니다. 인간이 흙에서 지음 받았다는 사실을 어찌 알았을까요? 하나 더 볼까요?

'天', 하늘 천 자지요. 사람 인人과 만들 공工 자를 합쳐서 하늘을 표현했습니다. **그들은 자연의 하늘을 표현하지 않고 신이요 조물주로서의 하늘을 표현한 것 같습니다.** 어찌된 영문인지 하늘이 사람을 만들었다는 것이 그들의 생각이었습니다. 그들은 사람을 자연이 만든 것이나 원숭이로부터 진화된 것으로 보지 않았습니다! 사람을 만든 것은 하늘이요 그 하늘이 사람을 만들되 흙으로 만들었다는 것이 그들의 생각이었지요. 이러한 한자들은 놀랍게도 성경의 가르침과 일치합니다. 그들은 신神을 제帝, 천제天帝, 상제上帝라 불렀답니다. 하늘에서 제사를 받으시는 분이라는 뜻이지요. 한 발 더 나아가 볼까요?

'靈' 이것은 신령神靈 '영' 자입니다. 그런데 이 '영' 자는 매우 복잡합니다. 비 우雨자에, 입 구口자가 셋, 만들 공工자에, 사람 인人자가 둘입니다. 무려 일곱 개의 한자를 합친 글자입니다. 이 영靈 자를 인터넷 한자사전에서 검색해 보면 다음과 같은 해설을 볼 수 있지요. **'뜻을 나타내는 비우部와 음音을 나타내는 동시에 강하의 뜻을 나타내는 글자 '비올 령霝으로 이루어짐. 신이 내린 무당, 전하여 신비하다의 뜻.'** 수긍이 가나요? 뭔가 좀 궁색하거나 부족한 해설이 아닌가 싶어서 성경을 찾아보았지요. 영靈자가 처음 기록된 성경은 창세기 2장 5절인데 거기에 보면 생령生靈이란 단어가 나옵니다.

- 창세기 2:5 여호와 하나님이 땅에 비를 내리지 아니하셨고 땅을 갈 사람도 없었으므로 들에는 초목이 아직 없었고 밭에는 채소가 나지 아니하였으며 6. 안개만 땅에서 올라와 온 지면을 적셨더라 7. 여호와 하나님이 땅의 흙으로 사람을 지으시고 생기를 그 코에 불어넣으시니 사람이 생령(生靈)이 되니라.

- 창세기 1:27 하나님이 자기 형상 곧 하나님의 형상대로 사람을 창조하시되 남자와 여자를 창조하시고.

위의 두 성경 말씀에 준하여 이 신령 영靈 자를 풀어 보겠습니다. '비가 아직 내리지 않을 때에雨, 성부와 성자와 성령께서 말씀으로ㅁㅁㅁ 인간을 만드셨는데ㅗ 남자와 여자를ㅅㅅ만드셨다.' 좀 더 그럴듯하지 않나요? 공감이 되시나요? 여하튼 이 세 한자나 성경의 가르침과 상관없이 세상 사람들 중에 많은 사람들은 안타깝게도, 삶도 자연의 섭리요 죽음도 자연의 섭리로 생각하며 살아갑니다. 그러나 과연 그럴까요? 사람이 만들어진 것이 이렇듯 자연에 의한 것이 아니요 신神에 의한 것일 터인데, 어찌 죽는 것이 자연적인 현상이겠습니까?

죽음? 하나님의 징계

■ 창세기 3:19 네가 흙으로 돌아갈 때까지 얼굴에 땀을 흘려야 먹을 것을 먹으리니 네가 그것에서 취함을 입었음이라 너는 흙이니 흙으로 돌아갈 것이니라 하시니라.

성경은 사람이 죽는 이유가 무엇 때문인지를 명백하게 밝혀 놓고 있습니다. 사람이면 다 예외 없이 죽는데, 이는 하나님의 징계 때문입니다. 하나님은 하나님의 말씀을 왜곡하고, 의심하고, 거역한 아담과 하와에게 흙으로 돌아가라고 명령하셨

습니다. 사람의 죽음은 그 육신이 흙으로 돌아가는 것을 의미합니다. 흙으로 지음 받은 존재인 사람이 원죄로 인한 죄책으로 말미암아 흙으로 돌아가는 것! 이것이 바로 죽음이라고 성경은 밝히고 있습니다.

- 창세기 2:16 여호와 하나님이 그 사람에게 명하여 이르시되 동산 각 종 나무의 열매는 네가 임의로 먹되 17. 선악을 알게 하는 나무의 열 매는 먹지 말라 <u>네가 먹는 날에는 반드시 죽으리라</u> 하시니라.

거듭 말씀드립니다. 사람이 죽는 이유는 하나님의 명령을 어겼기 때문입니다. 하나님의 명령이라 함은 위의 성경구절에서 언급하였듯이 선악을 알게 하는 나무를 먹지 말라 하신 말씀입니다. 선악을 알게 하는 나무에 독이 있어서 죽는 것이 아니라 하나님께서 그분의 명령을 어긴 아담과 하와에게, **"네가 먹는 날에는 정녕 죽으리라."**고 미리 경고하신 대로 징계하셨기 때문에 죽는 것입니다. 그러나 다행인 것은 하나님의 징계가 우리의 육신에만 적용된다는 사실입니다. 우리의 혼에 대한 징계는 유보된 상태인 셈입니다. 보다 중요한 것은 세상의 끝 날에 있을 심판, 즉 우리의 혼에 대한 하나님의 징계입니다.

2장. 인생도 참 궁금해요

맺음

하나님의 명령을 어겼기 때문에 모든 인간의 육체는 흙으로 돌아갑니다. 그러나 아담과 하와에게 금단의 부정명령을 하셨던 여호와 하나님께서 예수님을 이 땅에 보내시고 온 인류에게 다시 명령하셨습니다. 죽음이 아닌 영생을 위한 긍정명령을.

- 창세기 2:9 여호와 하나님이 그 땅에서 보기에 아름답고 먹기에 좋은 나무가 나게 하시니 동산 가운데에는 생명나무와 선악을 알게 하는 나무도 있더라.

'생명나무를 먹어라! 그러면 너희가 영생하리라!'

이것이 인류를 향한 하나님의 새로운 명령입니다! '죽으리라'가 아니라 '살리라'입니다. 여기서 생명나무는 바로 예수입니다! 예수를 믿지 않고 그분의 말씀을 먹지 않는 분들은 혼soul이 징계를 받을 것입니다! 부디 아담과 하와처럼 하나님 말씀을 왜곡하고, 하나님 뜻을 의심하고, 하나님 명령을 거역하지 마시고, 이 새로운 하나님의 명령에 순종하시기를 바랍니다.

신에 의해 주어진 삶! 이 삶의 주인이 곧 자신인 줄 착각하고

"내 인생人生은 나의 것"이라며 제멋대로 사는 삶, 내가人 앞장 서서 사는 그런 삶生을 인생人生이라고 한다면, 같은 삶生이라 도 나를 지으시고 나를 부르신 여호와 하나님의 명命에 따라 살 아가는 삶, 영생하고자 사는 삶을 생명生命이라고 말할 수 있습 니다. 죽으러 사는 인생人生에서 영생을 위해 사는 생명生命으로 옮긴 자들을 우리는 성도라고 부릅니다. 어둠에서 빛으로 옮겨 진 자들이지요.

8. 여자를
왜 만드셨나요?

    지난해 출생아 수가 35만 7,700명으로 처음으로 30만 명대로 내려앉았다는 통계청 발표가 나왔다. 2016년(40만 6,200명)에 비해 무려 11.9%나 줄어들었다. 정부가 2006년부터 지난해까지 126조 원 규모의 예산을 쏟아 부었어도 저출산 문제는 점점 더 심각해지고 있다.

    2017년 모 연구소가 실시한 '전국대학생 의식조사'에서 여대생의 절반가량이 "결혼은 반드시 해야 하는 것은 아니다"는 인식을 드러냈고, 통계청 사회조사에서도 "결혼은 해야 한다"고 답한 여성이 52.3%에 불과했다. 결혼과 출산에 대한 여성들의 소극적 혹은 부정적 인식은 '가사와 양육의 부담' '일과 가정의 양립' 등 양성평등과 가정 친화적 직장 문화가 뿌리내리지 못한 현실과도 연관성이 있다.

- 출처: 브레이크 뉴스, 2018년 3월 6일자

남자에게서 여자를 만드심

- 창세기 2:21 여호와 하나님이 아담을 깊이 잠들게 하시니 잠들매 그

가 그 갈빗대 하나를 취하고 살로 대신 채우시고 22. 여호와 하나님이 아담에게서 취하신 그 갈빗대로 여자를 만드시고 그를 아담에게로 이끌어 오시니 23. 아담이 이르되 이는 내 뼈 중의 뼈요 살 중의 살이라 이것을 남자에게서 취하였은즉 여자라 부르리라 하니라.

성경에는 하나님께서 이 땅에 인간을 만드시되 먼저 남자를 만드신 후 여자를 만드셨다고 밝히고 있습니다. 인간 창조의 대략을 기록한 창세기 1, 2, 3장을 읽다 보면 이런 궁금증이 듭니다. 하나님은 왜 여자를 만드셨을까? 여자가 사탄의 유혹에 빠져들어 선악을 알게 하는 나무를 먹고, 남자 또한 그것을 먹게 할 줄 뻔히 아시는 하나님께서 왜? 그냥 남자만 지으시되 남자의 몸에 양성兩性을 다 갖게 만드실 수도 있으셨을 텐데, 마치 그리스 신화에 나오는 판도라 같은 여자 '하와'를 왜 만드셔서 온 인류는 물론이요 온 생명체와 땅까지 저주를 받게 하셨을까요?

■ 창세기 2:18 여호와 하나님이 이르시되 사람이 혼자 사는 것이 좋지 아니하니 내가 그를 위하여 돕는 배필을 지으리라 하시니라.

성경은 하나님께서 남자 혼자 사는 것이 외로워서 좋지 않다 하시고, 남자를 돕는 배필로 여자를 지으셨다고 밝히고 있습니다. 그러나 단지 남자의 홀로 사는 외로움을 달래주기 위한 목적에서 여자를 만드셨다면 (여성들의 마음이 좀 불편하실 것 같은데 잠시만 참으세요) 하나님은 결코 지혜롭지 못한 일을 하셨다고 감히 말할 수 있습니다. 따라서 더 깊은 묵상이 필요한 것 같습니다. 하나님은 다 아셨습니다. 왜? 그분은 전지전능하신 신이시기 때문입니다. 그런데도 하나님은 여자를 만드셨습니다. 그렇다면 왜? 과연 왜 만드셨을까요?

가정, 하나님을 아는 지혜와 명철의 둥지

"여자를 지으심으로 인하여 무언가 큰 유익함이 생기는 것 아닐까? 그것은 여자가 선악을 구별하는 나무의 열매를 먹음으로써 발생하는 모든 문제를 덮고도 남을 만큼 특별한 것이 아닐까?" 하는 생각을 해 보았습니다. 그렇다면 과연 그것이 무엇일까요? 그것은 바로 가정이 아닐까요? 가정! 이것이야말로 여자가 사탄의 유혹을 받음으로 발생하는 그 모든 문제들을 덮고도 남을 만한 충분한 가치를 지닌 것이 아닐까요?

■ 창세기 1:27 하나님이 자기 형상 곧 하나님의 형상대로 사람을 창조

하시되 남자와 여자를 창조하시고 28. 하나님이 그들에게 복을 주시며 하나님이 그들에게 이르시되 생육하고 번성하여 땅에 충만하라, 땅을 정복하라, 바다의 물고기와 하늘의 새와 땅에 움직이는 모든 생물을 다스리라 하시니라.

남자와 여자가 결합하여 가정이 생기고, 자녀를 낳음으로 가족이 이루어집니다. 이로 인해 "생육하고 번성하여 땅에 충만하라 땅을 정복하라." 하신 하나님의 뜻이 실행되는 것이지요. 그러나 가정이 주는 이점利點이 단지 생육과 번성? 이것뿐이라면, 단지 이 점 때문에 하나님께서 여자를 지으셨다면 아직도 뭔가 좀 부족하다는 생각이 들지요? 가정이 주는 또 다른 이점에는 과연 무엇이 있을까요? 하나님을 알지 못했던 노자老子는 도덕경에서 "남을 아는 것이 지혜요, 자기를 아는 것이 명철이다."라고 했습니다. 그러나 성경은 다르게 가르칩니다. **하나님을 경외하는 것이 지혜요 하나님을 아는 것이 명철이라고!**

- 잠언 9:10 여호와를 경외하는 것이 지혜의 근본이요 거룩하신 자를 아는 것이 명철이니라.

놀랍게도 인간들은 가정 안에서 지혜로워지고 가정 안에서 명철해집니다! 우리는 가정 안에서 자식일 때에 육신의 아버지를 경외하는 법을 먼저 배우게 되고 나아가 하나님을 경외하는 법을 배워 지혜롭게 됩니다. 또한 우리는 결혼 후 새로운 가정을 꾸려 자녀를 낳고 부모가 됩니다. 부모가 되어 자식을 기르다 보면, 인간들을 자녀 삼으신 하나님 아버지의 심정이 어떠하신지를 절실히 느끼고 깨달아 명철해집니다.

■ 요한1서 4:7 사랑하는 자들아 우리가 서로 사랑하자 사랑은 하나님께 속한 것이니 사랑하는 자마다 하나님으로부터 나서 하나님을 알고 8. 사랑하지 아니하는 자는 하나님을 알지 못하나니 이는 하나님은 사랑이심이라.

우리가 명철해진다는 것은 곧 우리가 가정 안에서 사랑이신 하나님을 가장 잘 알 수 있게 된다는 뜻입니다. 가정 안에서 우리는 하나님의 사랑에 가장 근접한 어머니(여자)의 사랑을 체험함으로써 하나님의 사랑이 무엇인지를 짐작할 수 있게 되고, 나아가 사랑이신 하나님 아버지를 알 수 있게 된다는 것이지요.

하나님의 위대한 걸작? 여자!

정리하자면 하나님께서 여자를 지음으로써 가정이 생기고, 가정 안에서 혈육의 아버지를 경외하다 보면 하나님 아버지를 경외하는 법을 배우게 되고, 가정 안에서 부모가 되어 자녀들을 양육하다 보면 하나님 아버지의 마음을 짐작하게 되며, 가정 안에서 어머니의 무조건적인 사랑을 받다 보면 하나님 아버지의 사랑을 알게 되는 것이지요. 이렇듯 여자로 인해 가정이 생기고, 그 가정으로 인해 인간들이 하나님을 경외하고 하나님을 아는 지혜롭고 명철한 존재가 되니, **여자를 만드신 일이야말로 창조의 절정에서 하나님이 행하신 가장 위대한 업적이 아닐는지요.**

여기서 잠깐 여러분의 취향을 좀 알아볼까요. 이 세상에서 제일 좋아하는 것이 있다면 무엇인가요? 돈? 남편이나 아내? 자녀? 애인? 반려견? 아무튼 여러분이 한자漢子를 만드는 분이라면 이 '좋다'라는 형용사를 어떻게 만드시겠습니까? 참 어려운 문제이지요?

'**好**' '좋을 호'자입니다. 한자를 만든 사람은 '좋다'라는 뜻의 글자를 어머니女와 자식子을 합해서 만들었습니다. 참 대단한 지혜가 아닌가요? 재미있는 것은 여자와 남자를 합한 글자로 만들지 않았다는 점입니다. 남녀 관계란 항상 좋을 수만은 없지요? 아무튼 여자가 아기를 낳는 것, 여자가 어머니가 되는 것, 나아가 생육하고 번창하는 것, 그것이 좋다는 뜻이지요. 참고로 알려 드리면 남녀를 합친 '娚'자는 '오라비 호'자입니다.

■ 디모데전서 5:14 그러므로 젊은이는 시집가서 아이를 낳고 집을 다스리고 대적에게 비방할 기회를 조금도 주지 말기를 원하노라.

■ 시편 127:3 보라 자식들은 여호와의 기업이요 태의 열매는 그의 상급이로다 4. 젊은 자의 자식은 장사의 수중의 화살 같으니 5. 이것이 그의 화살통에 가득한 자는 복되도다.

인생에서 가장 위대한 일

하나님께서 인류에게 주신 가장 소중한 선물, 가정! 이 가정은 남자와 여자가 결혼하지 않으면 만들어지지 않으며, 자녀들을 낳아야 비로소 온전한 가정이 이루어집니다. 사랑하는 대한민국 젊은이들이여 제발 결혼하시기 바랍니다! 그리고 꼭 자녀를 낳아 주세요! 하나님이 기뻐하시고 또 하나님이 잘 양육해 주실 것으로 믿고 두려움 없이 낳아주실 것을 간곡히 권합니다. 자식 없는 인생, 손주 없는 노년, 그 외로움은 결코 감당하기 쉬운 것이 아닙니다. 인생길에 부름 받아 일평생을 사는 동안 "엄마~" "아빠~" 하고 부르는 사랑스런 자녀의 소리를 듣지 못하고 사는 것이 얼마나 슬픈 일일까? 생각해 보세요!

일제 강점기로부터 한국동란에 이르기까지 그 소망 없고 견디기 힘든 빈궁한 시절에도 우리의 부모님들은 무모하다 싶을 정도로 많은 자녀들을 낳고 기르셨습니다. 그분들은 '자기 밥 그릇 갖고 나온다.'고 말씀하셨습니다.

우리 인간이 이 세상에 부름을 받아 나와서 행할 일 중에서 가장 위대한 일은 자녀를 낳고 기르는 일입니다! 생육과 번성은 하나님의 명령이자 축복입니다! **자녀는, 하나님과 함께 만들어가는 내 인생 최고의 위대한 작품입니다!**

물론 혈통의 자녀를 얻지 못하는 결혼도 있습니다. 참으로 애석한 일이 아닐 수 없습니다만, 하나님께서는 이미 이스라엘의 계대제도나 예수님의 족보를 통해서 양자에 의해 대를 잇는 방법을 알려 주신 바 있습니다.

2장. 인생도 참 궁금해요

맺음

여호와 하나님께서 여자를 만드신 일이야 말로 창조의 절정에서 그분이 행하신 가장 위대한 업적이라고 말할 수 있습니다! 하나님께서 여자를 만드신 이유는 사랑 때문이요 가정 때문입니다. 가정은 하나님께서 인간에게 베푸신 가장 소중한 선물입니다! 가정 안에서 우리는 하나님을 경외하는 법을 배우고 하나님을 사랑하는 법을 배워서 지혜롭고 명철해질 수 있기 때문입니다!

- 요한1서 4:8 사랑하지 아니하는 자는 하나님을 알지 못하나니 이는 하나님은 사랑이심이라.

우리가 아무리 성경을 많이 읽고 많이 묵상하여 하나님을 안다 해도 그것은 반쪽짜리에 불과한 지식일 뿐입니다. 하나님은 결코 성경만으로 알 수 있는 그런 분이 아니십니다! 하나님의 나머지 반쪽은 사랑으로만 알 수 있습니다. 가정은 사랑의 공동체이기에 가족 사랑을 통해서 이웃을 사랑할 줄 알게 되며 이웃 사랑을 통해서 우리는 사랑이신 참 하나님을 알 수 있게 되는 것입니다. 인간의 사랑 중에서 하나님의 사랑에 가장 근접

한 사랑은 어머니의 사랑입니다. 어머니가 없으면 우리는 하나
님의 사랑을 알 수 없습니다! 부디 이 숭고한 어머니가 되는 길
을 포기하지 마세요!

나실 제 괴로움 다 잊으시고 기를 제 밤낮으로 애쓰는 마음,
진자리 마른자리 갈아 뉘시며
손발이 다 닳도록 고생 하시네
하늘 아래 그 무엇이 넓다 하리오 어머님의 희생은 가이 없
어라.

쉬어가기: 짝짓기

'예수께서 깨어 바람을 꾸짖으시며 바다더러 이르시되 잠잠하라 고요

하라 하시니 바람이 그치고 아주 잔잔하여지더라'

- 마가복음 4:39

인생이란 바다는 혼자보다는 둘이 짝을 짓고 저어 가는 것이
훨씬 좋습니다. 남녀가 짝을 짓고 자녀를 낳아 이루는 가정은
하나님이 인간에게 주신 최고의 선물입니다. 때문에 사탄이 호
시탐탐 파괴하려고 노리는 목표이기도 합니다. 이 가정을 이루
는 데 있어서 가장 큰 문제는 제짝을 만나기가 쉽지 않다는데
있습니다. 한 길 사람 속을 알기도 어렵지만, 지금은 좋다 해도
상대의 미래를 전혀 알 수가 없다는 점에서 그 어려움은 더 커
지지요. 이렇게 우리 스스로 풀 수 없는 문제를 만날 경우에는
하나님께 맡기는 것이 제일 현명한 방법입니다.

남녀의 짝짓기는 크게 세 가지 종류로 구분할 수 있습니다.

첫째는 하나님이 예비하신 짝짓기, 둘째는 하나님이 허용하시는 짝짓기, 셋째는 하나님이 걱정하시는 짝짓기입니다.

가정을 이룬 후에 겪는 문제는 가정을 무너뜨리려는 사탄의 공격이지요. 하나님이 걱정하시는 짝짓기를 하면 이 나쁜 사탄에게 넘어가 100% 무너집니다. 각자가 인격적으로 문제가 있어서 헤어지기보다는 제짝을 못 만나서 그런 경우가 대부분입니다. 그래서 제짝을 만나기 위한 기도가 꼭 필요한 것이지요!

몇 년 전 상견례 때 사부인께서 하신 말이 생각납니다. "제 딸이 아드님을 두 번째 만나고 돌아와서 이렇게 말했어요." "엄마 나 실은 몇 년 전부터 남편감을 놓고 기도해 왔는데 드디어 기도와 꼭 맞는 분을 만난 것 같아요!"

곧 올케 언니가 될 사람을 살짝 보고 온 제 딸은 또 이렇게 말하더군요. "오빠를 빛나게 해줄 분인 것 같아요!"

미래의 소중한 짝을 위해 부모가 기도해 주시든, 본인이 직접 기도하든 둘 다 좋은데, 반드시 여호와 하나님께 기도해야 한다는 것! 잊지 마세요.

9. 인생
뭐 별거 있나요?

비단의 직조가 언제부터 시작되었는지 확실하지 않으나, 지금
으로부터 약 3000년 전 중국의 주(周)나라 무왕(武王)은 왕실에
서 짠 비단을 어의(御衣)로 사용하였으며, 개선장군에게 금포(錦
袍)를 하사하였다고 전한다. 한대(漢代)에는 양읍(襄邑)이 주산
지가 되어 이때부터 한금(漢綿)이 실크로드를 따라 서역(西域)에
본격적으로 전해지기 시작하였는데, 비단은 금(金) 값에 맞먹는
다고 해서 글자도 금(錦)으로 쓰게 되었다고 전한다.

누에가 너무 불쌍해

누에가 없으면 비단도 없지요. 누에는 평생 뽕잎만 먹고 사
는데 다른 잎을 먹으면 죽는답니다. 먹고, 싸고, 자고 하는 것
이 누에의 삶입니다. 알에서 나온 개미누에는 사는 동안 네 번
탈피하기 때문에 1령(齡)에서 5령까지로 구분한답니다. 누에의
한살이는 약 45일입니다. 어찌 보면 참으로 딱하고 또 허무하
지요.

아시다시피 누에의 사명은 고치를 만드는 것입니다. 그러나 그 고치는 누에에게 사실 별 쓸모가 없는 듯 보입니다. 그렇다고 고치를 우습게 보면 안 됩니다. 누에의 주인은 그 하잘것없어 보이는 고치에 마술(?)을 부려서 장장 약 1,500미터의 실을 뽑아냅니다. 그뿐인가요? 그 실로 또 마술을 부려 세상에서 가장 값진 옷감 비단을 짜지요. 누에의 한살이는 언뜻 보면 불쌍해 보이지만 그가 남긴 고치로 보상 받는 것은 아닐까요?

누에가 먹는 양식은 신선한 뽕잎이다.
누에가 만약 뽕잎이 아닌 다른 잎들을 먹으면? 죽는다.
누에가 만약 뽕잎을 먹되 상한 뽕잎을 먹으면? 병든다.
누에가 만약 뽕잎을 일주일에 한 번씩 먹으면? 야윈다.
누에가 좋은 뽕잎을 열심히 매일 매일 먹으면? 자란다.

인생살이? 누에 한살이!

사람은 노동을 합니다. 노동은 사람의 숙명입니다. 그렇다면 사람의 사명은 무엇일까요? 누에가 고치를 만들듯이 열심히 자신의 인생이란 고치를 만드는 것입니다. 언뜻 보면 100년

2장. 인생도 참 궁금해요

도 못 사는 우리네 인생, 죽으면 사라져 아무 소용이 없는 듯 보입니다. 그래서 인생은 고해다, 인생은 일장춘몽이다, 인생은 허무하다고 푸념들 하곤 하지요. 그러나 우리가 예수님을 믿고 하나님 아버지께 승복한다면 주인 되신 하나님께서 누에 한살이와 같은 우리 내 인생, 별거 아닌 것 같은 이 인생 고치를 가지고 마술을 부리신답니다. 그것으로 보석을 만드시고 하늘나라의 성을 만드십니다. 어떻습니까? 이렇게 비교해 보니 인생살이 누에 한살이와 별반 다르지 않지요?

사람이 먹을 양식은 하나님 말씀이다.
사람이 만약 말씀이 아닌 육의 양식만 먹으면? 죽는다.
사람이 만약 말씀을 먹되 이단 말씀을 먹으면? 병든다.
사람이 만약 말씀을 일주일에 한 번씩 먹으면? 야윈다.
사람이 좋은 말씀을 열심히 매일 매일 먹으면? 자란다.

하나님의 말씀

■ 요한계시록 21:19 그 성의 성곽의 기초석은 각색 보석으로 꾸몄는데 첫째 기초석은 벽옥이요 둘째는 남보석이요 셋째는 옥수요 넷째는

녹보석이요 20. 다섯째는 홍마노요 여섯째는 홍보석이요 일곱째는 황옥이요 여덟째는 녹옥이요 아홉째는 담황옥이요 열째는 비취옥이 요 열한째는 청옥이요 열두째는 자수정이라.

예수님의 열두 제자 중 한 분인 사도 요한이 쓴 계시록에 보면, 주인이신 하나님께서 예수님의 삶을 가지고 먼저 새 예루살렘 성곽의 머릿돌을 만드셨다고 합니다. 또한 열두 제자들의 삶으로 열두 가지의 보석을 만드시고 하늘나라 새 예루살렘 성곽의 열두 주춧돌 즉 기초석이 되게 하셨답니다. 나머지 성곽은 우리들 성도의 삶의 고치로 쌓으실 것입니다.

우리가 하나님을 아버지로 인정하고, 하나님의 나라와 의를 위해 성령과 함께 열심히 사랑하는 삶을 산다면, 양잠 농가 주인이 자신이 기른 누에의 고치로 명주실을 만들고 비단을 만들 듯, 우리의 주인 되신 하나님께서 성도들 각자의 인생 고치로 보석을 만드시고 그 보석으로 하늘나라의 성곽을 만드시는 것이지요. 뿐만 아니라 하나님을 주인 삼고 살면 마침내 우리도 누에가 자유로운 나비가 되듯 부활하여 천국 가서 하나님의 자녀가 됩니다! 영원히 죽지 않을 영체靈體가 된답니다. 그곳은 성형외과 의사들이 전혀 없을 겁니다. 왜냐면 모두 다 상상하기 힘든 멋진 모습을 갖게 될 테니까요. 예수께서는 변화 산에 오르시어 우리의 미래의 모습을 베드로와 야고보와 요한에게 미리 보여주신 적이 있지요.

질병도, 고통도, 눈물도, 염려도, 걱정도 없는 환상의 나라 천국에서 우리 함께 공주요 왕자가 되는 것이지요. 그렇기 때문에 엄마의 뱃속 아기집을 자궁子宮이라 이름 지은 것 아닐까요? 예수 믿고 성령 받은 **우리는 죽어서 개돼지나 소로 환생하지 않습니다.** 우리는 그것들과는 차원이 다른 하나님의 존귀한 상속자들이 되기 때문입니다.

인생? 수지맞는 사랑의 경주

■ 에베소서 1:10 하늘에 있는 것이나 땅에 있는 것이 다 그리스도 안에서 통일되게 하려 하심이라 11. 모든 일을 그의 뜻의 결정대로 일하시는 이의 계획을 따라 우리가 예정을 입어 그 안에서 기업이 되었으니 12. 이는 우리가 그리스도 안에서 전부터 바라던 그의 영광의 찬송이 되게 하려 하심이라.

레오나르도 다빈치가 자신의 영광을 위해 모나리자를 그리고, 미켈란젤로가 자신의 명성을 위해 다비드 상을 만들었듯이 하나님도 자신의 영광과 이름을 위해 만물을 만드셨고, 그 창조의 마지막 절정에서 우리 인간들을 만드셨습니다. 세상 만물을 다스리게 하고, 오직 그분의 영광과 찬송이 되게 하려는 목적으로 만드신 것입니다.

'息' '쉴 식' 자입니다만 '망할 식'이라는 뜻도 있습니다. 수천 년 전에 한자를 만든 중국 사람들의 지혜가 거듭 놀라울 뿐입니다. 그들은 사람이 그 마음心 위에 자신自만을 올려놓고 오로지 자기만을 위해 살다 보면 결국은 망한다는 진리를 이미 터득하고 있었던 것 같아요. 그렇다면 자신 말고 과연 누구를 위해 살아야 할까요?

■ 신명기 6:5 너는 마음을 다하고 뜻을 다하고 힘을 다하여 네 하나님 여호와를 사랑하라.

그렇습니다. 인간의 삶의 목적은 먼저 하나님을 위해 사는 것입니다. 하나님께 영광이 되고 찬송이 되는 삶은 최선을 다해 그분을 사랑하는 삶입니다. 여기서 마음은 영spirit, 뜻은 혼soul, 힘은 몸body으로 볼 수 있습니다.

2장. 인생도 참 궁금해요

■ 레위기 19:18 원수를 갚지 말며 동포를 원망하지 말며 네 이웃 사랑하기를 네 자신과 같이 사랑하라 나는 여호와이니라.

그 다음은 우리의 이웃을 위해 살아가는 것입니다. 이렇듯 성경은 하나님께서 인간들을 지으신 목적이 자신을 위해서 사는 것이 아니라 하나님을 위해서, 그리고 이웃을 위해서 살아가도록 지으신 것이라고 가르치고 있답니다. 이상하게도 이런 삶을 살 때 우리 인간들은 더 큰 행복과 보람과 만족을 느끼게 되지요. 문득 천국과 지옥에 대한 옛 우화寓話가 떠오르네요.

한 사람이 운 좋게도 천국과 지옥을 함께 여행하고 왔답니다. 지옥엘 먼저 가보니 마침 식사 때였는데 밥을 먹기는커녕 소란만 피우고 있더랍니다. 이유는 긴 밥숟가락 때문이었는데, 하필이면 이 긴 숟가락이 팔에 묶여 고정되어 있어서, 각자 밥을 퍼서 먹으려고 아무리 애를 써도 제 입에 들어가지 않자 그 난리를 피우고 있더랍니다. 혀를 차며 천국으로 갔는데 마침 거기도 식사 시간이었답니다. 긴 숟가락이 팔에 묶여 있기는 지옥과 다름이 없었는데, 모두들 맛있게 밥을 먹고 있더랍니다. 이유인즉슨 각자가 밥을 떠서 제 입으로 넣질 않고 앞에 앉은 사람 입으로 넣어 주더랍니다.

■ 요한복음 13:34 새 계명을 너희에게 주노니 서로 사랑하라 내가 너
희를 사랑한 것 같이 너희도 서로 사랑하라.

하나님께서는 우리 인간들을 사랑하시려고 지으셨고 또한 서로 사랑하라고 지으셨습니다. 하나님은 우리를 먼저 사랑하시되 독생자까지 우릴 위해 주셨습니다. 우리가 어떻게 해야 그 크신 사랑에 보답할 수 있을까요?

'愛' '사랑 애' 이 한자를 만든 사람은 받을 수受와 마음 심心자로 사랑을 표현했습니다. 놀랍지 않습니까? 그렇습니다! 사랑은 마음을 받기 위해 하는 것입니다. "너는 마음을 다하고 뜻을 다하고 힘을 다하여 네 하나님 여호와를 사랑하라."라고 하신 신명기 6장 5절 말씀처럼 하나님 아버지께 우리의 마음을 드리는 것이 그 크신 사랑에 보답하는 길이요, 나아가 우리의 이웃을 사랑하며 화목하게 사는 것이 또한 그 크신 사랑에 보답하는 길이랍니다.

맺음

2장. 인생도 참 궁금해요

■ 요한복음 3:16 하나님이 세상을 이처럼 사랑하사 독생자를 주셨으니 이는 그를 믿는 자마다 멸망하지 않고 영생을 얻게 하려 하심이라.

우리는 인생이 무엇인지, 어디서 왔다가 어떻게 살다가 어디로 가야 하는지조차 알 길이 없지만, 성경은 인생이 올림픽과는 차원이 다른 멋진 '사랑의 경주'라고 말합니다. 우리 모두는 이 경주에 참가할 수 있는 자격을 얻기 위해 실로 엄청난 경쟁을 뚫고 이 세상에 나온 소중한 존재들이지요. 우리가 예수를 믿음으로 비로소 이 사랑의 경주에 참가하게 되는데, 끝까지 열심히 뛰어만 가도, 그 순위와 전혀 상관없이 누구나 영생이라는 금메달을 목에 걸 수 있답니다. 아니 금메달보다 더 영광스런 면류관을 받을 수도 있습니다!

천하를 다 가졌던 진시황도 그렇게 애타게 구했건만 얻을 수 없었던 영생! 이 영생을 얻기 위한 사랑의 경주를 시작한다면 인생이야말로 수지맞는 장사가 될 것입니다. 끝으로 꼭 기억하실 것은 주인 없는 누에고치가 비단이 되지 못하고 썩어 없어지듯, 하나님을 믿지 않는 인생 고치도 결코 보석이 될 수 없다는 사실입니다.

10. 저
하나님의 작품 맞나요?

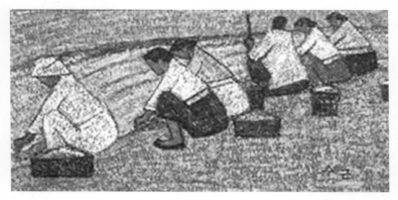

▲ '빨래터', 박수근

국내 미술품 경매 최고가인 45억 2000만 원에 낙찰됐던 박수근 화백의 유화 '빨래터'가 진위 논란에 휩싸였다. 미술 격주간지 '아트레이드'는 2008년 1월 1일자로 발간될 창간호에서 '대한민국 최고가 그림이 짝퉁?'이란 제목의 기사를 통해, 지난해 5월 22일 서울옥션 제106회 경매에서 낙찰됐던 '빨래터'의 위작 의혹을 제기했다.

- 『○○일보』, 2007. 12. 31.

2장. 인생도 참 궁금해요

진짜와 가짜의 큰 차이

'빨래터'는 그림의 크기가 얼마나 될까요? 가로 111.5센티미터에다가 세로 50.5센티미터입니다. 그런데 그 값이 무려 45억 2천만 원입니다. 만약에 이 그림이 진품이 아니라면 그 값은 얼마나 나갈까요? 45만 원 정도 주고 살 사람은 있을까요? 그렇다 쳐도 무려 만 배의 차이가 나는 것입니다. 단지 진품이냐 아니냐의 차이가!

▲ 모나리자. 레오나르도 다빈치

그렇다면 그림 '모나리자'는 그 값이 얼마나 나갈까요?

그 값을 정할 수가 없다고 합니다. 이 그림에 대한 가치를 잘 표현한 말이 있습니다. "프랑스 전체하고도 안 바꾼다!" 고작 세로 77센티미터, 가로 53센티미터인 이 작은 종이 작품이 이렇게 비싸답니다. 그런데 만약 이 작품이 위작僞作이라면 과연 얼마나 나갈까요? 그 차이는 수십만 배도 넘을 겁니다. 이 미술 작품들이 이렇게 엄청나게 비싼 이유는 무엇일까요? 작가의 솜씨skill가 들어 있고, 작가의 혼soul이 들어 있기 때문일까요?

우리 모두는 하나님의 작품

따지고 보면 우리 인간들도 작품이라고 말할 수 있습니다. 그렇다면 누구의 작품일까요? 부모님의 작품일까요? 우리는 부모님의 작품이기도 하고 또 아니기도 합니다. 만약에 부모님만의 작품이라면 여러분을 이 정도로 만드셨을까요? 만약에 여러분의 뜻대로 여러분 자식을 만들 수 있다면 어떻게 만드실 겁니까? 좀 더 예쁘게 좀 더 총명하게 좀 더 건강하게 만들었겠지요? 내 자식이 내가 원하는 모습으로 태어나지 않는다는 것은 내가 아닌 다른 어떤 존재가 개입했다는 사실을 의미합니다.

■ 시편 139:13 주께서 내 내장을 지으시며 나의 모태에서 나를 만드셨나이다 14. 내가 주께 감사하옴은 나를 지으심이 심히 기묘하심이라 주께서 하시는 일이 기이함을 내 영혼이 잘 아나이다.

위 시에서 다윗은 자신이 하나님의 작품이라고 말하고 있습

2장. 인생도 참 궁금해요

니다. 그렇습니다. 하나님을 믿느냐 안 믿느냐에 상관없이 사람은 모두 그분이 지으셨습니다. 그 조상들과 부모의 유전인자遺傳서子를 활용하셔서 지으신 것입니다. 이렇듯 모든 사람이 예외 없이 하나님께서 빚으신 작품이지만, 하나님께서 우리 모두를 자신의 이름을 거는 진품으로 인정하시지는 않는다는 사실을 꼭 아셔야 합니다. 마치 도공이 도자기를 빚어 가마에 넣어서 구운 후, 그 가마에서 꺼낸 것 중에 일부만을 선택하여 자신의 작품으로 인정하는 것과 같은 이치입니다. 도공은 가마에서 꺼낸 작품을 살펴보고 자신의 이름을 걸 만한 작품에만 낙관을 찍고 마음에 들지 않는 작품에는 자신의 낙관을 찍지 않습니다. 아니 미련 없이 부숴버립니다. 하나님도 비슷하게 행하실 것입니다.

하나님의 작품 중 진품(眞品)은?

■ 요한복음 6:27 썩을 양식을 위하여 일하지 말고 영생하도록 있는 양식을 위하여 하라 이 양식은 인자가 너희에게 주리니 인자는 아버지 하나님께서 인치신 자니라.

■ 고린도후서 1:22 그가 또한 우리에게 인치시고 보증으로 우리 마음에 성령을 주셨느니라.

예수께서는 당신이 하나님의 '인印치심' 즉 낙관落款을 받은 자라고 말씀하셨습니다. 또한 하나님은 예수 믿는 우리에게 인치십니다. 믿는 성도들에게 주신 성령이 우리가 인침을 받았다는 보증입니다. 예수를 믿지 않아 성령을 받지 않았다거나, 예수를 믿어도 성령을 아직 받지 않았다면 이는 하나님이 인정하시는 하나님의 이름을 걸 만한 진품이 아직은 아닐 가능성이 높다는 사실을 아서야 합니다. 인간이라는 작품은 반드시 하나님께 인침 받고 성령으로 보증 받아야만 하나님의 진품이 된다는 점을 꼭 기억하시기 바랍니다.

맺음

이 세상에서 누구의 작품이 가장 비쌀까요? 그 작품은 과연 무엇일까요? 물론 하나님의 작품입니다! 그리고 하나님의 작품 중 인印치심을 받은 작품, 즉 성령으로 보증하신 진품眞品 인간만이 가장 값비싼 최고의 걸작입니다! 모나리자는 결코 발밑에 미칠 수도 없는 극상의 걸작이지요. 왜냐하면 모나리자는 영원하지도 않을뿐더러 그는 하나님을 사랑할 수 없기 때문입니다.

작가이신 당신의 솜씨를 담고,
작가이신 당신의 성품을 담고,
작가이신 당신의 성령을 담은, 진품!

그렇습니다! 하나님께서는 우리들의 육과 혼에 당신의 영the Spirit을 불어넣으셔서, 하나하나가 나름의 개성을 가진, 우주 최고의 걸작들을 만들기 위해서 우리 인간들을 창조하신 것입니다. 물론 이 진품은 영원한 불후의 명작이 되는 것이지요!

■ 출애굽기 31:1 여호와께서 모세에게 말씀하여 이르시되 2. 내가 유다 지파 훌의 손자요 우리의 아들인 브살렐을 지명하여 부르고 3. 하나님의 영을 그에게 충만하게 하여 지혜와 총명과 지식과 여러 가지 재주로,

다 같은 돌로 작품을 만들지만, 어떤 사람은 석공이라 불리고, 어떤 사람은 조각가라 불립니다. 미켈란젤로의 아버지가 석공이요 그 아들이 조각가였듯이. 석공은 그가 만든 작품

에 솜씨만을 넣지만, 조각가는 솜씨skill만이 아니라 자신의 혼 soul을 불어넣습니다. 그러나 정말 위대한 조각가나 예술가는 위 성경의 '브살렐'처럼 하나님의 영을 불어넣음으로써 독창적 creativity인 작품을 만든답니다. 솜씨skill와 혼soul뿐 아니라 그의 영감spirit을 불어넣어서 불후의 명작을 만드는 것이지요. '다비드 상'이나 '모나리자'가 바로 그런 작품입니다. 끝으로 여러분 모두가 예수 믿어 성령the Spirit으로 인침 받아 하나님의 위대한 진품, 최고의 걸작이 되길 소망합니다.

2장. 인생도 참 궁금해요

11. 인생의 값은
어떻게 매겨지나요?

보석의 조건에는 아름다운 빛깔과 광택, 물리적 견고성, 화학적 안정성, 산출량의 희소성 등이 있다. 보석 중에서 다이아몬드는 현재 세계에서 가장 인기 있는 고가의 보석으로 금강광택을 띄는 보석이다. 15세기에는 에메랄드, 루비, 사파이어와 같은 색석(色石)을 최고로 쳤지만 17세기 말에는 베네치아의 페르지가 브릴리언트 컷(brilliant cut, 오십팔 면체로 만드는 컷 법)을 개발한 이후에 다이아몬드가 보석 중에서 최고의 자리를 차지했다.

▲ 컬리넌 I (Cullinan I 530.20캐럿)

성경에 등장하는 보석 이야기

- 출애굽기 28:15 너는 판결 흉패를 에봇 짜는 방법으로 금실과 청색 자색 홍색 실과 가늘게 꼰 베실로 정교하게 짜서 만들되 16. 길이와 너비가 한 뼘씩 두 겹으로 네모반듯하게 하고 17. 그것에 네 줄로 보석을 물리되 첫 줄은 홍보석 황옥 녹주옥이요 18. 둘째 줄은 석류석 남보석 홍마노요 19. 셋째 줄은 호박 백마노 자수정이요 20. 넷째 줄은 녹보석 호마노 벽옥으로 다 금테에 물릴지니 21. 이 보석들은 이스라엘 아들들의 이름대로 열둘이라 보석마다 열두 지파의 한 이름씩 도장을 새기는 법으로 새기고,

하나님께서는 대제사장 아론의 제사 예복인 '에봇' 위에 따로 걸쳐 입을 '판결 흉패'를 만들게 하셨는데, 특이하게도 그 흉패에 보석을 네 줄로 물려 달되, 열두 개의 보석을 달게 하시고, 그 각각의 보석 위에 이스라엘 열두 지파의 이름을 새기도록 하셨습니다.

- 요한계시록 21:14 그 성의 성곽에는 열두 기초석이 있고 그 위에는 어린 양의 열두 사도의 열두 이름이 있더라 (중략) 18. 그 성곽은 벽옥으로 쌓였고 그 성은 정금인데 맑은 유리 같더라 19. 그 성의 성곽의

2장. 인생도 참 궁금해요

기초석은 각색 보석으로 꾸몄는데 첫째 기초석은 벽옥이요 둘째는 남보석이요 셋째는 옥수요 넷째는 녹보석이요 20. 다섯째는 홍마노요 여섯째는 홍보석이요 일곱째는 황옥이요 여덟째는 녹옥이요 아홉째는 담황옥이요 열째는 비취옥이요 열한째는 청옥이요 열두째는 자수정이라.

또한 계시록 21장을 보면 사도 요한이 천국에 이끌려 올라가서 보니 새 예루살렘성이 지어지고 있는데 그 성곽의 열두 기초석이 보석이요, 열두 사도들의 이름이 각각 새겨져 있었다고 합니다. 이를 보면 하나님께서 열두 사도들의 삶의 공로로 각각의 보석을 만드시고 그 보석들로 기초석을 삼으셨으며, 그 위 성벽들은 짐작컨대 우리 성도들 각자의 삶의 공로를 보석으로 만들어 세우고 계신 것 같습니다. 여러분도 잘 아시는 서양의 탄생석은 폴란드와 중부 유럽에 이주해온 유대인들에 의해 비롯된 풍습으로, 앞에서 보신 구약성서의 '출애굽기' 제28장에 적혀 있는 12가지 보석과 신약성서 '요한계시록' 제21장에 나와 있는 12가지 보석을 기준으로 정해졌다고 합니다. 탄생석을 제정한 의도는 사람이 보석처럼 빛나고 가치 있는 존재가 되어야 한다는 뜻으로 해석할 수 있지 않을까요?

다이아몬드의 값은 어떻게?

뭇 여성들의 사랑을 받는, '영원한 사랑'을 상징하는 4월의 탄생석 다이아몬드! 그 감정가는 4Ccolor, carat, clarity, cut에 의해 매겨진답니다. 4C란 곧 다음과 같습니다.

Color(색깔): 색깔은 D가 최고의 색으로 무색을 말한다.

Carat(무게): 무게는 캐럿으로 1캐럿은 0.2그램이다.

Clarity(투명도): 투명도는 FL이 최고로 내외부에 내포물이나 흠집이 거의 없다.

Cut(연마): 연마는 오십팔면체로 깎는 brilliant cut이 최고이다.

이 넷 중에서도 가장 큰 영향을 미치는 요소는 투명도랍니다. 아무리 크고 무색이고 컷을 잘해도 안에 내포물이나 밖에 흠집이 있으면 투명도가 떨어지고, 투명도가 떨어지면 그만큼 값이 떨어지는 게 다이아몬드입니다. 투명도가 좋아야 들어온 빛을 잘 반사할 수 있기 때문입니다. 사람을 다이아몬드에 비유하자면,

사람의 색깔은 무엇을 뜻할까요? 색은 탐욕이 아닐까요?

2장. 인생도 참 궁금해요

사람의 무게는 또 무엇을 뜻할까요? 신앙의 연조일까요?

투명도는 또 무엇일까요? 흠집은 죄가 아닐까요?

연마는 또 무엇일까요? 인생을 살면서 당하는 고난일까요?

그렇다면 당신의 값은 과연 얼마나 나갈까요? 세상이 아니라 하나님이 정하신다면? 같이 계산해 볼까요?

다이아몬드와 닮은 인생

① 사람의 색깔

보석의 왕 다이아몬드에는 여러 가지 색상이 있습니다. 그중에서도 무색의 다이아몬드가 가장 높이 평가된다고 했지요. 왜 그럴까요? 무색은 그 어떤 빛도 흡수하지 않고 그대로 반사하기 때문이 아닐까요? 들어온 빛을 온전히 다 반사해야만 최고의 광휘를 발할 수 있습니다.

- 요한복음 1:1 태초에 말씀이 계시니라 이 말씀이 하나님과 함께 계셨
  으니 이 말씀은 곧 하나님이시니라 2. 그가 태초에 하나님과 함께 계
  셨고 3. 만물이 그로 말미암아 지은 바 되었으니 지은 것이 하나도 그

가 없이는 된 것이 없느니라 4. <u>그 안에 생명이 있었으니 이 생명은</u>
<u>사람들의 빛이라.</u>

사도 요한은 이 땅에 오신 예수님 안에 생명이 있었는데 이
생명은 사람들의 빛이라 했습니다. **인간은 빛이 아닙니다. 오**
직 예수님만이 빛이십니다.

- 마태복음 5:16 이같이 너희 빛이 사람 앞에 비치게 하여 그들로 너희
  착한 행실을 보고 하늘에 계신 너희 아버지께 영광을 돌리게 하라.

우리가 세상에 빛을 비추기 위해서 먼저 알아야 할 것이 있는
데, 달이 스스로 발광할 수 없듯이 우리 인간들도 스스로 빛을
발할 수 없다는 것이지요. 달이 태양 빛을 받아 반사하듯이 우
리 또한 예수님을 우리 안에 모심으로써 우리 안에서 그분이 빛
을 발하시게 해야 합니다. 우리 안에 오신 예수님께서 온전히
빛을 발하게 해 드리려면 우리는 무색이 되어야 합니다. 나의
타락한 자아를 죽여 무색이 되어야 그분이 우리를 통해 다이아
몬드보다 더 찬란한 광휘를 발하실 수 있는 것이지요.

② 사람의 무게

- 마태복음 7:18 좋은 나무가 나쁜 열매를 맺을 수 없고 못된 나무가

아름다운 열매를 맺을 수 없느니라 19. 아름다운 열매를 맺지 아니하는 나무마다 찍혀 불에 던져지느니라 20. 이러므로 그들의 열매로 그들을 알리라.

이제 무게에 대해 알아보겠습니다. 예수님께서는 목회자나 성도나 구별 없이, 그들이 각자의 삶을 통하여 맺은 열매로 그들을 알아보시겠다고 말씀하셨습니다. 여기서 열매란 하나님께 영광이 되는 성령과 함께 맺는 열매를 가리킵니다.

- 요한복음 15:5 나는 포도나무요 너희는 가지라 그가 내 안에, 내가 그 안에 거하면 사람이 열매를 많이 맺나니 나를 떠나서는 너희가 아무것도 할 수 없음이라.

성도라면 잘 아시는 포도나무의 비유입니다. 예수님께서 자신을 포도나무에 비유하셨고 믿는 성도들을 가리켜 가지라고 말씀하셨습니다. 하나님께 영광을 돌릴 수 있는 열매를 우리 인간들 스스로는 결코 맺을 수 없고 예수님 안에서만 맺을 수 있다고 가르치신 것입니다.

- 누가복음 12:15 그들에게 이르시되 삼가 모든 탐심을 물리치라 사람의 생명이 그 소유의 넉넉한 데 있지 아니하니라 하시고.

인생의 가치를 결정하는 것은 그 소유(돈, 명예, 권력)의 넉넉함이 아니라, 예수 믿는 믿음 안에서 성령과 함께 맺어가는 아홉 가지 열매(갈라디아서 5:22-23)의 무게에 따라서 결정되는 것 같습니다. 돈과 명예와 권력? 영원하지 않습니다! 이것들은 이 세상에 있을 때 잠시 유용할 뿐입니다. 저세상으로 갈 때는 반드시 다 놓고 가야 할 것들입니다! 이 세 가지는 사랑의 수단이 될 때 비로소 빛나는 것들이지요.

③ 사람의 투명도

다이아몬드의 값을 결정하는 네 가지 요소 중에서 가장 중시되는 것이 바로 투명도clarity라고 했지요? 투명도가 최고인 상태를 FLFlawless이라고 합니다. 이는 다이아몬드의 내부와 외부에 내포물이나 흠집이 거의 없는 상태를 의미합니다.

- 레위기 1:3 그 예물이 소의 번제이면 흠 없는 수컷으로 회막 문에서 여호와 앞에 기쁘게 받으시도록 드릴지니라.

- 로마서 12:1 그러므로 형제들아 내가 하나님의 모든 자비하심으로 너희를 권하노니 너희 몸을 하나님이 기뻐하시는 거룩한 산 제물로 드리라 이는 너희가 드릴 영적 예배니라.

2장. 인생도 참 궁금해요

구약성경 레위기를 보면 하나님이 받으실 제물은 하나님께서 직접 정하셨습니다. 그리고 그 제물이 무엇이든지 가장 중요한 것은 흠이 없어야 한다는 것입니다. 그런가 하면 신약성경 로마서에서 바울 사도는 우리 몸이 제물이라 말씀하십니다. 이는 곧 우리의 삶 자체가 하나님께 드리는 제물이라는 가르침입니다. 우리가 제물이기에 우리는 마땅히 흠이 없어야 합니다. 우리 인생의 흠은 안으로는 원죄요 밖으로는 스스로 짓는 자범죄가 아닐까요? 누구든 삶의 투명도를 높이려면, 예수 믿어 원죄를 없애는 한편, 스스로 짓는 죄는 항상 회개해서 다시 성결해져야만 합니다. 여기서 더 알아야 할 것은 자기 힘으로 죄를 짓지 않기 위해 노력하는 것도 물론 중요하지만 성령의 도우심을 받는 것이 반드시 필요하다는 점입니다.

④ 사람의 연마(cut)

17세기 말에 베네치아인 V. 페르지가 브릴리언트 컷(오십팔면체로 만드는 연마법)을 개발한 이후에, 다이아몬드가 비로소 금강광택을 발하게 되었고, 보석의 여왕 자리를 차지할 수 있게 되었습니다만, 이 다이아몬드도 원석은 빛을 잘 발할 수가 없습니다. 우리 인간도 다이아몬드 원석과 매우 흡사한 모습으로 태어나는 것 같습니다. 그래서 광택을 내기 위한 연단이 필요한 것이겠지요.

- 예레미야 9:7 그러므로 만군의 여호와께서 이와 같이 말씀하시되 보라 내가 내 딸 백성을 어떻게 처치할꼬 그들을 녹이고 연단하리라.

- 히브리서 12:11 무릇 징계가 당시에는 즐거워 보이지 않고 슬퍼 보이나 후에 그로 말미암아 연단 받은 자들은 의와 평강의 열매를 맺느니라.

이와 같이 성경에는 하나님께서 우리 인간들을 연단하신다고 말씀하신 기록들이 많이 있습니다. 우리가 하나님을 마음에 두기 싫어하고, 우상을 섬기며, 그분께 영광을 돌리지 아니하니까 우리를 미워하셔서 죄 가운데 버려두시고 또 벌주시는 것 같지만, 조금만 더 깊이 생각해 보면 이 모든 것이 마침내 우리를 연단시키려는 하나님의 섭리요 배려였음을 알 수 있습니다. 왜냐하면 연단을 받지 않으면 우리 인간들은 의와 평강의 열매를 맺을 수 없고 결코 빛나는 보석이 될 수 없기 때문입니다. 그러고 보니 문득, 세상은 인간에게 제련소가 아닐까? 하는 생각이 드네요.

맺음

2장. 인생도 참 궁금해요

'영원한 사랑'을 상징하는 다이아몬드의 값이 Color(색깔), Carat(무게), Clarity(투명도), Cut(연마)에 의해 매겨지듯이 '사랑의 경주'를 하는 우리 인간들의 삶의 가치도 비슷하게 매겨질 것 같다는 생각을 해 보았습니다.

■ 요한복음 1:4 그(예수) 안에 생명이 있었으니 이 생명은 사람들의 빛이라.

참으로 중요한 것은 다이아몬드도 빛이 없으면 평범한 돌일 뿐이라는 사실입니다. 인간 역시 생명의 빛이신 예수님이 없다면 짐승과 다름이 없을 것입니다! 인생을 하나님께서 원석 같은 우리를 영롱한 보석으로 만드시는 연마의 과정이라는 관점에서 바라다 본다면, 자신을 죽여 무색을 만들어 투명할수록, 성령과 함께 열매를 많이 맺어 무거울수록, 원죄를 사함 받고 자범죄를 덜 지어 투명할수록, 고난을 통해 연단 받아 연마될수록 인생은 그 가치가 높아질 것입니다. 그렇다면 당신의 현재 가치는?

■ 요한계시록 21:10 성령으로 나를 데리고 크고 높은 산으로 올라가 하나님께로부터 하늘에서 내려오는 거룩한 성 예루살렘을 보이니 11. 하나님의 영광이 있어 그 성의 빛이 지극히 귀한 보석 같고 벽옥

과 수정 같이 맑더라.

다이아몬드가 오직 다이아몬드로만 연마되듯이, 인간 또 한 오직 인간으로 연마되는 것 같습니다. 그러기에 교회는 산 속이 아닌 세상 속에 존재하는 것이겠지요. 아무튼 우리 모두 하나님을 사랑하고 이웃을 사랑함으로써 더욱 크고 아름다운 보석이 되어, 새 예루살렘 성벽을 영롱하게 꾸미는 영광에 함 께 참여했으면 좋겠습니다.

2장. 인생도 참 궁금해요

12. 어떻게 해야
쑥쑥 성장하나요?

호빗은 J.R.R. 톨킨의 '반지의 제왕'에 등장하는 난쟁이 종족으로 작가가 창조해낸 독특한 존재입니다. 이들은 주로 농사를 지어 자족하며 노래와 떠들썩한 잔치를 좋아하는 유쾌한 종족이랍니다. 발바닥 가죽이 매우 튼튼하고, 멀리 여행가는 일이 없기 때문에 신발은 신지 않는데, 인간의 절반 정도 되는 작은 키와 체격에 걸맞게 매우 겁이 많아 자신들의 마을 밖으로는 웬만해선 나오는 일이 없다고 하지요.

어버이의 근심, 하나님의 걱정

자식을 낳은 부모에게 큰 걱정거리가 있다면 무엇이 있을까요? 아기가 젖이나 밥을 잘 먹지 않는다면 이것도 부모의 걱정거리 중에 하나가 아닐까요? 왜 젖이나 밥을 잘 먹지 않으면 부모님들이 걱정할까요? 우선은 호빗처럼 발육 성장이 되지 않기 때문이겠지요? 그리고 건강을 해치기 때문일 겁니다. 어린아이의 발육과 성장을 위해선 단백질, 칼슘, 비타민, 섬유질 등의 섭취가 꼭 필요하다고 합니다.

꺽다리 아저씨 링컨은 "키는 섰을 때 발이 땅에 닿기만 하면 충분하다."고 말했다는데, 키 작은 성인들에게는 다소 위로가 될 듯한 말이지만, 자식이 키가 자라지 않아 고민하시는 부모들이 들으면 뭐라고 하실는지요? 자녀들의 키가 정상적으로 자라지 않으면 부모들은 걱정하다 못해, 각종 영양제를 사다 먹이기도 하는데, 심한 경우 성장판을 수술해서까지 키를 키우려고 애를 쓰는 분들도 있다고 합니다.

하나님도 자녀인 우리들을 보시면서 똑같은 걱정을 하고 계시지 않으실까요? 우리가 생명을 위한 양식이나, 영적 성장을 위한 영양소를 섭취하지 않는다면, 하나님 아버지께서도 크게 걱정하실 것입니다.

■ 마태복음 4:3 시험하는 자가 예수께 나아와서 이르되 네가 만일 하나님의 아들이어든 명하여 이 돌들로 떡덩이가 되게 하라 4. 예수께서 대답하여 이르시되 기록되었으되 사람이 떡으로만 살 것이 아니요 하나님의 입으로부터 나오는 모든 말씀으로 살 것이라 하였느니라 하시니.

영혼의 양식 성경을 먹는 법

육체를 살리려면 그에 필요한 육의 양식을 먹으면 되지만, 우리의 영혼을 살리려면 하나님의 말씀을 먹어야만 합니다.

■ 요한복음 6:63 살리는 것은 영이니 육은 무익하니라 내가 너희에게 이른 말은 영이요 생명이라.

부모의 관심이 자녀들의 신체적 성장 즉 육체적 성장에 있다면, 하나님의 관심은 우리들의 영적 성장에 있습니다. 영적 성장을 위해 성경 말씀을 읽을 때에 세 가지를 지키면 좋습니다. 우리가 밥을 먹을 때와 비슷합니다. 언제 어디서 어떻게 읽는 것이 좋을는지 함께 알아볼까요?

첫째, 하루 세 끼 먹으면 좋습니다.

육체를 성장시키려면 삼시 세끼를 시간을 맞춰 먹되, 편식하지 않고 영양분을 골고루 섭취하는 것이 좋습니다. 한 주 내내 굶다가 영양을 보충한답시고 일주일 치의 음식물을 한꺼번에 다 먹는 어리석은 사람은 없겠지요? 설령 먹을 수 있다고 해도 모두가 양분으로 섭취될 수는 없습니다. 마찬가지로 영의 양식을 먹을 때도 매일매일 규칙적으로 먹는 것이 좋습니다. 신약과 구약을 균형 있게 섭취하되 시간을 잘 정해 놓고 읽고 묵상하는 것이 가장 바람직한 방법이 아닌가 싶습니다. 물론 이렇게 매일같이 삼식이가 되는 것은 쉬운 일이 아닙니다만, 습관 들이기 나름이겠지요?

둘째, 기도하고 먹으면 좋습니다.

저의 경험에 의하면 성경을 읽고자 펴는 순간 사탄이 옆에 오는 경우가 꽤 많았던 것 같습니다. 사탄의 궤계는 늘 하나님의 말씀을 왜곡하고, 의심하고, 거역하게 하는 것이기 때문입니다. 이를 위한 방비책으로 다음과 같이 기도하고 읽고, 또 묵상하시길 권합니다. "하나님, 지금 제가 진리의 말씀 생명의 말씀을 읽고자 합니다. 사탄 마귀 틈타지 못하게 하시고, 저의 이성이나 세상 지식이 아닌 오직 성령으로 깨우침 주시옵소서!"

셋째, 불필요한 외식은 가급적 피하는 게 좋습니다.

성경을 읽다 보면 이해하기 어려운 말씀들이 많이 나올 것입니다. 이때 흔히들 인터넷 검색을 하시는데, 주의할 점은 인터넷 포털 사이트에는 말씀을 왜곡한 내용들이 차고도 넘친다는 사실입니다. 그러므로 참고는 하시되 잘 분별하셔서 받아들이시길 바랍니다. 또한 이단들이 성경공부를 빙자해서 접근해 오

2장. 인생도 참 궁금해요

는 경우도 많다는 사실을 아셔야 합니다. 따라서 성경공부는 가급적 소속된 교회공동체 안에서 하시고, 특별히 더 알고자 하시는 말씀이 있다면 목사님께 질문하셔서 답을 얻으시길 권합니다.

맺음

영의 양식을 먹는 것이나 육의 양식을 먹는 것이나 이치는 같다는 생각을 해 보았습니다. 따라서 영의 양식도 육의 양식을 먹는 것처럼 하루 세 끼 드시고, 기도하고 드시고, 외식은 가급적 피하시는 게 좋다고 봅니다. 잘 아시다시피 우리 주위에는 성경 말씀을 교회 밖에서 철학으로 푸는 철학자분들도 계시고, 세상 지식으로 푸는 지식인들도 부쩍 많아진 것 같습니다. 그러나 성경 말씀은 성령으로 깨우침 받은 올바른 목사님들의 가르침을 받는 것이 가장 바람직하다고 봅니다. 다만 성도 스스로가 읽고 묵상할 때에는 목사님이 추천하시는 공인된 강해서나 신앙 서적들을 잘 활용하는 방법이 좋겠지요.

- 요한복음 4:31 그 사이에 제자들이 청하여 이르되 랍비여 잡수소서

32. 이르시되 내게는 너희가 알지 못하는 먹을 양식이 있느니라 33. 제자들이 서로 말하되 누가 잡수실 것을 갖다 드렸는가 하니 34. 예수께서 이르시되 나의 양식은 나를 보내신 이의 뜻을 행하며 그의 일을 온전히 이루는 이것이니라.

끝으로 한 가지, 단지 말씀만 읽고 묵상하면 정상적인 발육을 기대할 수 있을까요? 결코 그렇지 않습니다. 우리의 온전한 성장은 예수님의 가르침대로 그 읽은 말씀을 삶의 현장에서 바르게 실천할 때에 비로소 성취될 것입니다. 그 무엇보다 사랑의 실천이야말로 발육의 묘약이 되겠지요?

쉬어가기: 큰 그릇 작은 그릇

비록 굽어 있는 나무라 하더라도 목수의 묵선(墨線)을 거치기만 하면 곧은 목재가 될 수 있다. 황제가 아무리 덕행이 좋지 못하다 할지라도 신하와 백성들의 비판과 간언을 제대로 받아들인다면 얼마든지 영명한 군주가 될 수 있다.

- 당태종

제 아내에게는 특별한 재능이 있습니다. 가족을 살찌우는 재능입니다. 결혼 전에 제 몸무게는 70킬로그램 대였습니다. 그랬던 저를 결혼 후 한때 99킬로로 살찌워놓더니, 이에 만족하지 않고 사위 닮아 총명한 큰외손자 염지후를 기어코 통통하게 만들어 놓고야 말았습니다. 요즘은 그것도 성에 안 찼는지 자칭 산수영재 작은외손자 서후에게도 손을 대기 시작했습니다. 며느리 닮아 예쁜 친손녀 채린이가 멀리 해외에 있어서 그나마 다행입니다. 세 아이들 모두 애 엄마들이 성경으로 태교 했지요. 언젠가 초등학교에 입학한 큰손자와 목욕탕에 가서 나눈 대화입니다.

"지후야~ 너에게 살쪘다고 놀려대는 아이가 있지 않니?"
"네! 있어요."
"그런 소릴 들으면 기분이 어때?"
"아주 나쁩니다!"
"그렇지? 그럼 그렇게 놀리는 아이에게 어떻게 대꾸하면 좋을까? 첫째, 못 들은 척하고 피한다. 둘째, 나 살찌는데 보태준 거 있니? 하며 싸운다. 셋째, 그래 내가 살이 좀 쪘지? 알려줘서 고마워. 앞으로 살 빼도록 노력해 볼게. 이 셋 중에 어떻게 하는 것이 제일 좋다고 생각하니?"

당신은 쓴소리를 잘 듣는 편이지요? 그렇다면 당신은 분명 큰 그릇일 겁니다. 잘 아시다시피 인간은 누구나 환경의 지배를 받습니다. 그래서 한반도가 작은 만큼 한국 사람들의 그릇도 대부분 작습니다. 해서 한국 사람들은 바른 소리 쓴소리를 유난히 싫어합니다. 반면 남에게 하는 것은 많이들 좋아하지요. 그래서인지 우리나라 사람들이 만나는 곳에는 정치인, 상급자. 목사님, 며느리 등을 주제로 한 이야기가 꽃을 피우지요. 문제는 칭찬보다는 흉을 많이 본다는 것에 있지요. 나름 나라를 위하고 기업을 위하고 교회와 가정을 위하는 것 같지만 사실은 자존감이 부족하기 때문인 경우가 많습니다. 그때가 자신이 제일 낮아진다는 사실을 모르기 때문이지요.

쓴소리를 잘 듣고 이를 발전의 수단으로 삼으려면 먼저 자신의 자존감부터 키우면 좋겠지요? 신기하게도 사람의 자존감은 돈과 명예와 권력으로 커지지 않고 경청과 용서, 봉사와 사랑의 습관으로 커지더군요. 주님을 만나도 자존감이 엄청 커지고요.

- 출애굽기 22:28 너는 재판장을 모독하지 말며 백성의 지도자를 저주하지 말지니라.

3장

예수님께
묻고 싶어요

13. 나는
원죄와 아무 상관없잖아요?

선악과 사건

■ 창세기 2:16 여호와 하나님이 그 사람에게 명하여 이르시되 동산 각
종 나무의 열매는 네가 임의로 먹되 17. 선악을 알게 하는 나무의 열
매는 먹지 말라 네가 먹는 날에는 반드시 죽으리라 하시니라.

하나님께서는 아담에게 에덴동산 각종 나무의 실과를 맘대
로 먹게 하셨으나 다만 선악을 알게 하는 나무는 먹지 말라고
엄히 명령하셨습니다. 그러나 하와는 뱀(사탄)의 유혹에 넘어가
하나님의 말씀을 왜곡하고, 하나님의 뜻을 의심한 나머지 하나

님의 명령을 거역합니다. 결국 선악과를 따먹고, 남편인 아담도 먹게 합니다. 이에 하나님께서는 미리 말씀하신 대로 아담과 하와에게 징계를 내리십니다.

■ 창세기 3:16 또 여자에게 이르시되 내가 네게 임신하는 고통을 크게 더하리니 네가 수고하고 자식을 낳을 것이며 너는 남편을 원하고 남편은 너를 다스릴 것이니라 하시고 17. 아담에게 이르시되 네가 네 아내의 말을 듣고 내가 네게 먹지 말라 한 나무의 열매를 먹었은즉 땅은 너로 말미암아 저주를 받고 너는 네 평생에 수고하여야 그 소산을 먹으리라. (중략) 19. 네가 흙으로 돌아갈 때까지 얼굴에 땀을 흘려야 먹을 것을 먹으리니 네가 그것에서 취함을 입었음이라 너는 흙이니 흙으로 돌아갈 것이니라 하시니라.

먼저 여자에게는 임신과 출산의 고통으로, 남자에게는 노동의 수고로움으로 징계하셨습니다. 이어서 이미 경고하셨던 대로 육체적인 죽음으로 그들을 징계하셨지요. 이렇듯 성경은 인간이 왜 죽는지를 명확히 밝혀 놓고 있습니다. 선악과의 독이 아닌 하나님의 징계로 인하여 모든 인간은 그 누구도 예외 없이 죽게 되었습니다. 거듭 말씀드립니다만 죽는다는 것은 하나님께서 우리 육신을 흙으로 빚으셨기에 흙으로 되돌리시는 것을 의미합니다. 이 '선악과 사건'을 통하여 여호와 하나님께서는 우리 인간들에게 매우 중요한 몇 가지를 알려주셨습니다.

첫째, 하나님이 어떤 분이신지를 알려주셨습니다.
둘째, 사탄의 존재와 궤계를 알려주셨습니다.
셋째, 인간의 실체와 처지를 알려주셨습니다.
넷째, 미래에 보내실 메시아를 알려주셨습니다.

하나님은 순종을 좋아하시고, 사탄은 하나님의 말씀을 왜곡하며, 인간은 원죄를 지었고, 메시아는 여인의 후손으로 오신다는 것 등을 알려주셨습니다.

인간의 원죄(原罪)

- 로마서 5:12 그러므로 한 사람으로 말미암아 죄가 세상에 들어오고 죄로 말미암아 사망이 들어왔나니 이와 같이 모든 사람이 죄를 지었으므로 사망이 모든 사람에게 이르렀느니라.

아담이 범죄를 저지를 때 우리 모두는 아담과 하와의 몸 안에 있었기 때문에 유감스럽지만 공범이 되었습니다. 따라서 본인이 저지른 죄, 즉 자범죄와 상관없이 하나님과 격리되어, 세상이라는 죄의 감옥에서 태어나며 그 감옥 안에서 저주받은 상태로 살다가 죽을 수밖에 없는 존재가 된 것입니다. 기독교의 교리는 에덴동산에서 온 인류가 아담과 하와와 함께 하나님께 지은 죄를 '원죄'라고 말합니다. 이에 대한 너무도 확실한 증거는 모든 인간이 죽는다는 엄연한 사실입니다. 이제 원죄에 대해 더 구체적으로 알아보겠습니다. 원죄는 다음과 같이 세 가지로 요약할 수 있습니다.

첫째, 하나님의 말씀을 거역한 죄입니다. 선악을 알게 하는 실과는 먹지 말라 하신 하나님의 말씀을 거역하고 아담과 하와가 그 실과를 먹은 죄입니다.

둘째, 하나님의 말씀을 의심한 죄입니다. 선악과를 먹으면 죽기는커녕 하나님과 같이 눈이 밝아지겠지 하며 하와가 하나님의 말씀을 의심한 죄입니다.

셋째, 하나님의 말씀을 왜곡한 죄입니다. 하나님은 '정녕 죽으리라' 말씀하셨으나 하와는 '죽을까 하노라'라고 왜곡했던 죄입니다.

아담과 하와가 저지른 이 원죄의 죄성罪性이 우리에게 계속해서 유전된 바, 현대를 살아가는 우리도 여전히 하나님 말씀을

거역하고, 하나님 말씀을 의심하고, 하나님 말씀을 왜곡하며
살아가고 있지요.

원죄에 대한 다윗의 통찰

■ 시편 32:1 허물의 사함을 받고 자신의 죄가 가려진 자는 복이 있도
다. 2. 마음에 간사함이 없고 여호와께 정죄를 당하지 아니하는 자는
복이 있도다.

시편 32편에서 다윗은 인간의 죄를 세 가지 용어로써 매우 잘
묘사하고 있습니다.
① 첫째: '허물'에 해당하는 히브리어 '폐솨'입니다. 이는 본래
'반역하다', '거역하다' 는 의미로 하나님의 뜻을 인간의 뜻으로
거역하는 것, 또는 하나님으로부터 떨어져 나오는 것을 의미합
니다.
② 둘째: '죄'에 해당하는 히브리어 '하타아'입니다. 이는 표
적을 맞추지 못하거나 참된 믿음의 길에서 의심의 길로 벗어난
것을 의미합니다.
③ 셋째: 정죄에 해당하는 히브리어 '아온'입니다. 이는 '왜곡

된 것'을 의미하는 말로서 하나님의 뜻을 존중하지 않는 것 또는 하나님 말씀을 왜곡하는 것을 뜻합니다.

이 세 가지 용어들은 아담과 하와가 저지른 원죄의 양상들을 정확히 표현하고 있다고 할 수 있습니다.

맺음

인생을 거꾸로 돌리면 우리 모두는 어머니의 자궁으로 다 들어갑니다. 같은 이치로 마지막 남은 인간은 하와의 자궁으로 들어갑니다. 따라서 유감스럽지만 아담과 하와의 육체 안에서 우리 모두가 함께 죄를 저지른 것이 됩니다. 이에 대한 명확한 증거는 아담과 하와만 죽는 것에서 그치지 않고 모든 인간들이 예외 없이 죽었고 죽는다는 사실입니다. 우리 모두가 하나님께 지은 이 원죄는,

첫째, 하나님의 말씀을 거역한 죄입니다.
둘째, 하나님의 말씀을 의심한 죄입니다.
셋째, 하나님의 말씀을 왜곡한 죄입니다.

이제 우리가 알아야 할 중요한 한 가지는 이 원죄의 죄성罪性이 끊임없이 온 인류에게 유전된다는 점이며, 문제는 우리 스스로는 결코 이 문제를 해결할 수 없다는 사실입니다. 예수께서 죄의 문제를 해결하는 대속자요 구원자로 이 땅에 오신 이유가 바로 여기에 있습니다.

14. 인간의 원죄를
어떻게 해결하셨나요?

하나님의 용서밖에는 방법이 없어요

■ 시편 32:1 허물의 사함을 받고 자신의 죄가 가려진 자는 복이 있도다. 2. 마음에 간사함이 없고 여호와께 정죄를 당하지 아니하는 자는 복이 있도다.

어느 신학자에 의하면 다윗은 시편 32편에서 죄에 대한 세 용어들과 병행하여 사죄에 대한 세 용어들을 나열하고 있다고 합니다.

① 첫째, '사함을 받고'에 해당하는 히브리어 '나사'는 '짐을

들어 올리다' 즉 죄를 하나의 무거운 짐으로 보고, 하나님이 이 죄의 짐을 치워 버리거나 옮겨주셨다는 의미로 해석할 수 있습니다.

② 둘째, '가려진'에 해당하는 히브리어 **'카사'**는 '덮다'는 의미로 하나님이 그 죄의 수치를 가려주심으로 아예 처음부터 존재하지도 않았던 것처럼 여기신다는 말입니다.

③ 셋째, '정죄를 당하지 아니하는'에 해당하는 히브리어 **'로 하쇄브'**는 '탓하지 않는다'라는 뜻으로 하나님께서 죄에 대한 책임을 일절 묻지 않으신다는 의미입니다.

시편 32편에서 다윗이 매우 지혜롭게 열거한 '사죄'와 관련된 이 세 용어들의 의미를 히브리어를 통해 정확히 알아야, 예수 그리스도를 통한 하나님의 죄 사함이 얼마나 실제적이며 완전한 것인지를 비로소 알 수 있게 됩니다.

세상은 죄에 대해 무지하여 다윗이나 성경에서 가르치는 것과는 다르게 알고 있답니다. 즉 도덕적, 양심적 또는 법률적인 죄만을 생각합니다. 그러나 인간의 보다 근본적인 죄, 즉 원죄는 사탄의 궤계로 인해 우리 모두가 아담과 하와 안에서 창조주 하나님께 지은 죄로서, 크게 세 가지의 문제를 야기합니다. 그 문제라 함은 바로 다음과 같습니다.

하나님의 말씀을 거역한 원죄는 우리에게 죄짐을 안겨줍니다!

하나님의 말씀을 의심한 원죄는 우리에게 수치를 안겨줍니다!

하나님의 말씀을 왜곡한 원죄는 우리에게 죄책을 안겨줍니다!

따라서 이 원죄로 인한 문제들은 오직 하나님 아버지의 긍휼하신 사랑에 의지하여 사함(용서) 받아야만 해결될 수 있을 뿐 다른 방법은 없습니다. 종신형의 죄를 짓고 수감된 죄인의 꼴이 되어 버린 인간들이 선택할 수 있는 길은 오직 두 길뿐입니다. 한 길은 감옥에서 죽음을 맞는 길이요, 다른 한 길은 감옥에서 나오는 길입니다. 정상적인 인간이라면 누구나 감옥에서 나오길 희망할 것입니다.

많은 종교가 인간은 스스로가 죄에서 벗어날 수 있다고 주장합니다. 그러나 이는 원죄가 무엇인지를 정확히 알지 못하고 있기 때문입니다. 원죄를 모르니 자연히 죽음이 무엇인지, 무엇이 죽는지, 그리고 왜 죽는지도 알 수 없습니다.

예수님의 사면(赦免)

■ 이사야 44:20 그는 재를 먹고 미혹한 마음에 미혹되어서 스스로 그

혼을 구원하지 못하며…(개역 한글)

■ 레위기 17:11 육체의 생명은 피에 있음이라 내가 이 피를 너희에게
주어 재단에 뿌려 너희의 생명을 위하여 속죄하게 하였나니 생명이
피에 있으므로 피가 죄를 속하느니라.

성경은 그 누구도 죄의 감옥에서 스스로 나올 수 없다고 말합
니다. 스스로는 그 혼his soul을 구원할 수 없음을 가르쳐 줍니다.
죄수가 감방에서 아무리 도덕적 법률적 선행을 한다 해도 그가
저지른 죽을죄는 결코 돌이킬 수 없습니다. 감옥에서 나오려면
죗값을 치러야만 합니다. 하나님은 죄의 값은 오직 사망이요,
오직 피로 정하셨습니다. 때문에 우리의 원죄를 회복하기 위해
서는 누군가가 하나님과 우리 사이에 가로놓인 죄짐을 옮기고,
수치를 덮고, 죄책을 받아야만 합니다.

■ 마태복음 1:20 이 일을 생각할 때에 주의 사자가 현몽하여 이르되 다
윗의 자손 요셉아 네 아내 마리아 데려오기를 무서워하지 말라 그에
게 잉태된 자는 성령으로 된 것이라.

이것을 실행할 수 있는 분은 원죄가 없는, 즉 흠 없는 분이라
야만 하기에, 예수님은 원죄 없이 요셉의 정자나 마리아의 난

자가 아니라 성령으로 잉태되어 이 땅에 오신 것입니다. 만약 두 분의 유전인자를 받고 태어났다면 예수님도 자격이 없는 분이 되시는 것이지요. 이해가 되시나요? 그렇다면 이제 성육신하신 그 예수께서 우리의 원죄 세 가지를 어떻게 해결하셨는지 자세히 살펴볼까요?

① 약속한 사면

- 이사야 45:13 내가 의로 그를 일으킨 지라 그의 모든 길을 곧게 하리니 그가 나의 성읍을 건축할 것이며 사로잡힌 자들을 값이나 갚음이 없이 놓으리라 만군의 여호와의 말이니라 하셨느니라.

- 예레미야 31:34 내가 그들의 악행을 사하고 다시는 그 죄를 기억하지 아니하리라 여호와의 말씀이니라.

구약의 시대에 하나님께서는 이사야와 예레미야 등 몇몇 선지자들을 보내서서 당신께서 인간의 죄를 직접 사해 주실 것을 약속하셨습니다. 감옥에서 나오게 하신다고 약속하셨습니다. 하나님께서 우리를 사면하시되 죗값을 우리에게 요구하지 않으시겠다고 약속하셨습니다.

■ 이사야 43:24 너는 나를 위하여 돈으로 향품을 사지 아니하며 희생의 기름으로 나를 흡족하게 하지 아니하고 네 죄짐으로 나를 수고롭게 하며 네 죄악으로 나를 괴롭게 하였느니라 25. 나 곧 나는 나를 위하여 네 허물을 도말하는 자니 네 죄를 기억하지 아니하리라.

하나님이 우리들의 죄를 굳이 사해주시는 이유는 무엇 때문일까요? 그 이유는 당신께서 괴로우시기 때문입니다. 하나님은 우리의 아버지이시기 때문에 우리의 죄로 인하여 괴로워하십니다. 우리의 자녀들이 범죄를 저지를 경우 부모인 우리가 괴로워하는 이치와 같습니다.

■ 사도행전 4:12 다른 이로써는 구원을 받을 수 없나니 천하 사람 중에 구원을 받을 만한 다른 이름을 우리에게 주신 일이 없음이라 하였더라.

하나님은 메시아 즉 예수 그리스도에 의한 사면을 약속하셨습니다. 예수 그리스도 외에는 어느 누구도 인간이 저지른 원죄의 값을 대신 치를 수 있는 자격이 없습니다. 왜냐하면 다른 모든 인간들은 하나같이 아담과 하와로부터 죄성罪性과 죄책罪責을 물려받은 동일한 죄수들이기 때문입니다. 따라서 어떤 인간도 메시아일 수 없습니다. 예수 외에는 다른 이가 있을 수 없다는 사실을 꼭 기억하셔서 이단에 빠지지 마시기를 바랍니다.

② 의로운 사면

- 창세기 3:15 내가 너로 여자와 원수가 되게 하고 네 후손도 여자의 후손과 원수가 되게 하리니 여자의 후손은 네 머리를 상하게 할 것이요 너는 그의 발꿈치를 상하게 할 것이니라 하시고,

- 이사야 7:14 그러므로 주께서 친히 징조를 너희에게 주실 것이라. 보라, 처녀가 잉태하여 아들을 낳을 것이요 그의 이름을 임마누엘이라 하리라.

세상은 족보를 기록할 때 일반적으로 부계父系 즉, 아버지의 족보를 따라 기록합니다. 성경도 동일합니다. 모두 남자의 후손 아무개라고 기록되어 있습니다. 그런데 메시아는 이상하게도 여자의 후손으로 오신다고 기록되어 있습니다. 예수께서 요셉의 아들로 오시지 않고, 성령으로 잉태되시고 마리아의 자궁만 빌려 여자의 후손으로 이 땅에 오신 까닭은, 죄성罪性이 전혀 없는 육신(성육신, 聖肉身)으로 오셔서 사면의 자격을 온전히 갖추시기 위함이었습니다.

- 마태복음 2:2 유대인의 왕으로 나신 이가 어디 계시냐. 우리가 동방에서 그의 별을 보고 그에게 경배하러 왔노라 하니,

- 이사야 42:7 네가(메시야) 소경의 눈을 밝히며 갇힌 자를 감옥에서 이끌어 내며 흑암에 처한 자를 간(감방)에서 나오게 하리라.

죄수는 결코 죄수를 사면할 수 없습니다. 사면은 오로지 왕王만이 갖는 특권입니다. 오늘날 우리나라도 대통령만이 사면권을 행사할 수 있습니다. 예수님은 죄가 없으시며 왕이시기에 사면권을 행사하셨고, 우리를 죄의 감옥에서 나오게 하실 수 있었던 것입니다. 뿐만 아니라 우리가 감옥에서 한번 나온 이상 율법에 저촉되는 죄를 다시 짓는다 해도, 예수님의 십자가 죽으심의 공로로 다시는 감옥에 들어가지 않는다 하니 이 얼마나 감사한 일입니까?

- 로마서 3:25 이 예수를 하나님이 그의 피로써 믿음으로 말미암는 화목제물로 세우셨으니 이는 하나님께서 길이 참으시는 중에 전에 지은 죄를 간과하심으로 자기의 의로우심을 나타내려 하심이니 곧 이 때에 자기의 의로우심을 나타내사 자기도 의로우시며 또한 예수 믿는 자를 의롭다 하려 하심이라.

3장. 예수님께 묻고 싶어요

우리나라의 경우 대통령께서 특사를 단행할 때마다 이를 놓고 세간에서는 잘못된 사면이라는 비판이 많이 있었습니다. 아마도 그 이유는 사면된 죄인들이 그들이 저지른 죄의 값을 충분히 치르지 않았기 때문일 것입니다. 그러나 하나님께서는 예수 그리스도를 십자가에서 죽게 하심으로, 정당한 값을 치르고 우리를 사면하셨기에 사탄도 더 이상 할 말이 없습니다. 이제 우리가 의롭게 되었다 함은 무죄가 선고되었다는 뜻입니다. 감옥에서 나왔다는 뜻입니다.

③완전한 사면

앞서 밝혔듯이 시편 32편에서 다윗은 죄에 대한 세 용어들 즉 **페솨, 하타아, 아온**과 병행하여 사죄에 대한 세 용어들을 나열하고 있습니다. 그 첫째는 히브리어 **나사**로 '짐을 들어 올리다'란 뜻이요, 둘째는 히브리어 **카사**로 '덮다'는 뜻이며, 셋째는 히브리어 **로하솨브**로 죄에 대해 '탓하지 않는다'는 뜻이라 했습니다.

예수 그리스도는 이 땅에 오셔서
우리의 죄짐을 대신 지고 십자가에 달리셨고(나사)
우리의 수치를 당신의 피로 덮으셨고(카사)
우리의 죄책을 대신 받는 정죄를 당하셨습니다. (로하솨브)

■ 누가복음 22:42 이르시되 아버지여 만일 아버지의 뜻이거든 이 잔을
내게서 옮기시옵소서 그러나 내 원대로 마시옵고 아버지의 원대로
되기를 원하나이다 하시니 43. 천사가 하늘로부터 예수께 나타나 힘
을 더하더라 44. 예수께서 힘쓰고 애써 더욱 간절히 기도하시니 땀이
땅에 떨어지는 핏방울 같이 되더라.

　　예수께서 온 인류의 죄를 사면하기 위하여 십자가에서 우리
대신 받으신 하나님의 진노의 잔은 우리가 상상할 수도 없는 엄
청난 고통이었을 것입니다. 그 고통이 얼마나 컸기에 예수께서
겟세마네 동산에서 세 번씩이나 기도하셨겠습니까? 그 고통이
얼마나 두려운 것이었기에 그분이 기도하실 때에 흘리신 땀방
울이 핏방울같이 되었을까요?

맺음

■ 로마서 8:1 그러므로 이제 그리스도 예수 안에 있는 자에게는 결코
정죄함이 없나니 2. 이는 그리스도 예수 안에 있는 생명의 성령의 법
이 죄와 사망의 법에서 너를 해방하였음이라.

　　　　　　　　　　　　　　　　　　　　　　　3장. 예수님께 묻고 싶어요

그렇습니다! 예수 그리스도의 십자가 대신 죽으심을 통한 하나님의 사면은,

- 하나님 당신의 의로우심이 전혀 손상됨이 없이
- 사단의 불평을 모두 잠재우시고
- 죄인인 우리에게 더할 수 없는 은혜로운 방법으로
- 우리를 향한 당신의 사랑을 완전하게 확증하신

너무나도 분명하고 완전한 사면인 것입니다! 이로써 예수 믿는 우리는 원죄로부터는 물론이요, 율법으로부터도 영원히 해방된 자유로운 존재가 된 것입니다!

■ 이사야 53:5 그가 찔림은 우리의 허물 때문이요 그가 상함은 우리의 죄악 때문이라 그가 징계를 받으므로 우리는 평화를 누리고 그가 채찍에 맞으므로 우리는 나음을 받았도다 6. 우리는 다 양 같아서 그릇 행하여 각기 제 길로 갔거늘 여호와께서는 우리 모두의 죄악을 그에게 담당시키셨도다.

세상은 부모가 자식을 앞세우고 나면 가슴에 묻는다고 합니다. 그렇습니다.

십자가! 그것은 독생자 예수를 묻은 하나님의 가슴입니다!

15. 착한 사람들이 천국 가야 되는 거 아닌가요?

교회? 죄인들의 믿음 공동체

■ 마태복음 22:8 이에 종들에게 이르되 혼인 잔치는 준비되었으나 청한 사람들은 합당하지 아니하니 9. 네거리 길에 가서 사람을 만나는 대로 혼인 잔치에 청하여 오라 한대 10. 종들이 길에 나가 악한 자나 선한 자나 만나는 대로 모두 데려오니 혼인 잔치에 손님들이 가득한지라.

예수님이 제자들에게 비유로 가르치신 말씀입니다. 혼인잔치의 비유지요. 여기서 혼인잔치란 무엇을 뜻할까요? 천국일 수도 있고 이 땅의 교회일 수도 있습니다. 잔치에 먼저 초청받은 자들은 유대인들을 상징하는 것 같습니다. 나중에 네거리에서 초청받는 사람들은 이방인들을 상징하고요. 주목할 말씀은 '악한 자나 선한 자나 만나는 대로 모두 데려오니' 입니다. 그렇습니다. 천국이나 교회는 착한 사람들만이 가는 인격 공동체라기보다는 예수를 믿는 자들이 가는 죄인들의 공동체입니다. '내가 의인을 부르러 온 것이 아니요 죄인을 불러 회개시키러 왔노라.' 예수님의 이 말씀도 동일한 의미를 담고 있습니다.

■ 누가복음18:18 어떤 관리가 물어 이르되 선한 선생님이여 내가 무엇을 하여야 영생을 얻으리이까 19. 예수께서 이르시되 네가 어찌하여 나를 선하다 일컫느냐 하나님 한 분 외에는 선한 이가 없느니라.

이 말씀에 따르면 우리가 생각하는 선善(착함)과 예수님이 생각하시는 선 사이에는 분명 차이가 있습니다. 놀랍게도 예수님은 자신의 선함조차도 부정하시면서 우리 인간 중에는 선한 자가 없다고 강조하셨지요. 선에 대한 이해를 돕기 위해 한자를 살펴볼 필요가 있습니다. 고대에는 '착할 선善'자를 오른쪽과 같이 썼습니다. 양을 바쳐 제사드리면 성부, 성자, 성령이 말씀하시는데 이것이 선하다는 뜻으로 해석할 수 있습니다.

▲ 착할 선

선한 사람들만 천국 간다면?

■ 로마서 3:12 다 치우쳐 함께 무익하게 되고 선을 행하는 자는 없나니
  하나도 없도다.

아담과 하와가 원죄를 저지른 후 우리 안에 유전된 죄성罪性
때문에, 우리가 나름 선한 일을 한다고 해도 하나님께서는 이
를 선善으로 여기지 아니하시는 것 같습니다. 이는 **인간이 행하
는 선행은 모두 이기심의 발로일 뿐 지극至極한 선이 될 수 없
기 때문일 것입니다.** 그래요! 우리 인간은 성령 없이는 결코 하
나님만을 위한 참 선행을 할 수 없는 타락한 존재가 됐어요. 따
라서 선한 사람만이 천국에 갈 수 있다면 하나님 보시기에 선한
자가 없기에 단 한 사람도 천국에 갈 수 없습니다! 그러니 천국
에 가는 여부가 선악을 기준으로 결정되지 않음을 우리 모두는
다행으로 알아야 할 것입니다. 그렇다면 천국은 과연 어떤 사
람들이 가는 곳일까요?

■ 요한복음 3:16 하나님이 세상을 이처럼 사랑하사 독생자를 주셨으니
  이는 그를 믿는 자마다 멸망하지 않고 영생을 얻게 하려 하심이라.

3장. 예수님께 묻고 싶어요

첫 번째, 천국은 선한 자가 아니라 믿는 자들이 가는 곳입니다.

信, 믿을 신(信) 자는 '사람의 말에는 믿음이 가야 한다'는 뜻보다는, '사람이 믿을 것은 오직 (하나님의) 말씀뿐이다'라는 뜻으로 해석하는 것이 이치에 더 맞는 것 같습니다 왜냐면 사람의 말은 그 어느 누구의 말도 결코 믿을 만한 것이 못되기 때문입니다. 아무튼 천국은 선한 사람이 가는 곳이 아니라 예수님을 구세주로 믿는 사람들이 가는 곳입니다. 이는 하나님이 정하신 것입니다.

- 요한복음 3:5 예수께서 대답하시되 진실로 진실로 네게 이르노니 사람이 물과 성령으로 나지 아니하면 하나님의 나라에 들어갈 수 없느니라.

두 번째, 천국은 선한 자가 아니라 거듭난 자들이 가는 곳입니다.

천국은 예수를 믿되 성령을 받아 거듭난 자들만이 갈 수 있는 곳입니다. 이 또한 하나님께서 그리 정하신 것입니다.

- 레위기 20:26 너희는 나에게 거룩할지어다. 이는 나 여호와가 거룩하고 내가 또 너희를 나의 소유로 삼으려고 너희를 만민 중에서 구별

하였음이니라.

■ 요한복음 17:17 그들을 진리로 거룩하게 하옵소서. 아버지의 말씀은
  진리니이다.

세 번째, 천국은 선한 자가 아니라 거룩한 자들이 가는 곳입니다.

성경은 '만민 중에서 구별한 자'를 '거룩한 자'라고 표현하고 있습니다. '거룩'의 히브리어인 '코데쉬Kodesh'에는 '분리하다'라는 뜻이 있다고 합니다. 따라서 성경에서 말하는 '거룩한 자'란 곧 '세상으로부터 분리된 자'란 의미로도 해석할 수 있습니다. 우리가 예수를 믿는 것도 하나님의 분리하심이요, 우리가 성령 받는 것도 하나님의 구별하심 때문입니다. 우리를 구분해서 당신의 소유로 삼으셨기에 우리는 성스러운 존재로 거듭난 것입니다. 왜냐하면 하나님의 소유된 모든 것들이 다 성스럽기 때문입니다.

맺음

3장. 예수님께 묻고 싶어요

말씀을 맺습니다. 천국은 착한 자들이 들어가는 곳이 절대 아닙니다!

첫 번째, 예수를 믿는 자들이 가는 곳입니다.
두 번째, 성령으로 거듭난 자들이 가는 곳입니다.
세 번째, 성부께서 거룩히 구별하신 자들이 가는 곳입니다.

이것은 천지를 만드시고 홀로 권세를 가지신 하나님이 정하신 바입니다! 올림픽 100미터 경주에 출전한 선수가 대회 규정을 어기고 아무리 빨리 뛴들 금메달을 목에 걸 수 없듯이 천국에 가는 경주도 하나님께서 정하신 규정을 지켜야 합니다. 선수가 규정을 탓한다면 어리석은 자가 될 뿐입니다.

쉬어가기: 순도 100% 정금 선행

■ 요한복음 15:8 너희가 열매를 많이 맺으면 내 아버지께서 영광을 받

으실 것이요 너희는 내 제자가 되리라.

99.99%의 금을 우리는 순금純金이라 하지요.

순도 100%의 정금精金은 지구상에 없습니다.

순도 100%의 선행도 인간에겐 없습니다. 죄성罪性 때문이

지요.

우리가 설령 99.99%의 순금 선행을 한다 해도

0.01%의 불순물인 이기심이 들어 있지요.

이것이 흠이기에 하나님은 받지 않으십니다.

우리가 100% 정금 선행을 하고자 한다면

방법이 단 하나 있지요.

성령을 받아 함께 선행을 하는 거지요.

3장. 예수님께 묻고 싶어요

인간이 성령과 함께 맺는 열매를

하나님이 기뻐 받으시는 이유는

그것이야말로 순도 100%의 정금선행精金善行이기 때문입니다.

인간의 이기심이 전혀 없는

오로지 하나님만을 위한 선행.

순금fine gold 선행이 아니라 정금pure gold 선행이지요!

■ 요한계시록 22:18 그 성곽은 벽옥으로 쌓였고 그 성은 정금인데 맑은

유리 같더라.

16. 구원받은 성도가
왜 여전히 죄를 짓나요?

인간들은 왜 죄를 짓고 살까?

하나님을 믿는 신앙인이든 그렇지 않은 무신론자이든 사람이라면 누구나 한 번쯤은 생각해 봤을 법한 의문입니다. 이에 대한 해답은 로마서 1장에 잘 나와 있습니다. 내용이 좀 길지만 우리가 왜 죄를 짓고 사는지 그 이유에 대해서 아주 잘 설명한 매우 중요한 말씀이니 주의를 기울여서 읽어 보시기 바랍니다.

- 로마서 1:20 창세로부터 그의 보이지 아니하는 것들 곧 그의 영원하신 능력과 신성이 그가 만드신 만물에 분명히 보여 알려졌나니 그러

므로 그들이 핑계하지 못할지니라 21. 하나님을 알되 하나님을 영화롭게도 아니하며 감사하지도 아니하고 오히려 그 생각이 허망하여지며 미련한 마음이 어두워졌나니 22. 스스로 지혜 있다 하나 어리석게 되어 23. 썩어지지 아니하는 하나님의 영광을 썩어질 사람과 새와 짐승과 기어다니는 동물 모양의 우상으로 바꾸었느니라 24. 그러므로 하나님께서 그들을 마음의 정욕대로 더러움에 내버려 두사 그들의 몸을 서로 욕되게 하게 하셨으니, 25. 이는 그들이 하나님의 진리를 거짓 것으로 바꾸어 피조물을 조물주보다 더 경배하고 섬김이라 주는 곧 영원히 찬송할 이시로다 아멘 26. 이 때문에 하나님께서 그들을 부끄러운 욕심에 내버려 두셨으니 곧 그들의 여자들도 순리대로 쓸 것을 바꾸어 역리로 쓰며 27. 그와 같이 남자들도 순리대로 여자 쓰기를 버리고 서로 향하여 음욕이 불 일듯 하매 남자가 남자와 더불어 부끄러운 일을 행하여 그들의 그릇됨에 상당한 보응을 그들 자신이 받았느니라. 28. 또한 그들이 마음에 하나님 두기를 싫어하매 하나님께서 그들을 그 상실한 마음대로 내버려 두사 합당하지 못한 일을 하게 하셨으니

우리 인간들이 죄를 짓는 이유는 하나님께서 우리를 버려두셨기 때문입니다. 하나님께서 우리를 버려두신 이유는 크게 세 가지 때문입니다.

첫째, 우리 인간들이 하나님을 알되 하나님을 영화롭게도 아니하며 감사하지도 아니했기 때문입니다.

둘째, 우리 인간들이 하나님의 영광을 썩어질 사람과 새와 짐승과 기어 다니는 동물 모양의 우상으로 바꾸었기 때문입니다.

셋째, 우리 인간들이 그 마음에 하나님 두기를 싫어했기 때문입니다.

하나님께서 인간들을 부끄러운 욕심에 버려두셨기 때문에 우리가 제일 먼저 저지르게 되는 죄는 몸을 더럽히는 음욕이라고 성경은 가르치고 있습니다. 음욕에 빠진 인간들이 저지르는 가장 가중한 성범죄는 동성애입니다. 만약 우리나라에 동성애가 법적으로 허용된다면, 결국 소돔과 고모라처럼 타락하게 되고 나아가 하나님의 무서운 징계를 감당해야만 할 것입니다!

- 로마서 1:28 또한 그들이 마음에 하나님 두기를 싫어하매 하나님께서 그들을 그 상실한 마음대로 내버려 두사 합당하지 못한 일을 하게 하셨으니 29. 곧 모든 불의, 추악, 탐욕, 악의가 가득한 자요 시기, 살인, 분쟁, 사기, 악독이 가득한 자요 수군수군하는 자요 30. 비방하는 자요 하나님께서 미워하시는 자요 능욕하는 자요 교만한 자요 자랑하는 자요 악을 도모하는 자요 부모를 거역하는 자요 31. 우매한 자

요 배약하는 자요 무정한 자요 무자비한 자라.

또한 그 마음에 하나님이 없는 인간들은 허다한 죄를 저지르며 살아갈 수밖에 없다고 성경은 가르칩니다. 이제 우리는 알아야 합니다. 사람이 만든 책이나 어떤 종교의 경전에도, 우리가 왜 죄를 저지르며 사는지에 대하여 우리가 납득할 만하게 설명한 책이 없다는 사실과, 오직 성경만이 그 이유를 명확하게 밝히고 있다는 사실을 말입니다.

구원받은 성도가 죄를 짓는 이유

이제 한 가지 궁금한 것은 예수를 믿기 전에는 그렇다 쳐도, 예수 믿고 성령 받아 구원을 받았으면 더 이상 죄를 짓지 않고 살아가게 하셨으면 좋았을 터인데 **'왜 하나님께서는 구원받은 성도들조차도 여전히 죄를 짓고 살아가게 하셨을까요?'** 입니다. 많은 성도들이 그 이유를 알지 못해서 교회를 오래 다니면서도, 성령을 받았으면서도, 구원에 대한 확신을 갖지 못하고 고민하는 것 같습니다. 저 역시 그런 때가 있었습니다.

- 로마서 7:22 내 속사람으로는 하나님의 법을 즐거워하되 23. 내 지체 속에서 한 다른 법이 내 마음의 법과 싸워 내 지체 속에 있는 죄의 법으로 나를 사로잡는 것을 보는도다 24. 오호라 나는 곤고한 사람이로다 이 사망의 몸에서 누가 나를 건져내랴 25. 우리 주 예수 그리스도로 말미암아 하나님께 감사하리로다 그런즉 내 자신이 마음으로는 하나님의 법을 육신으로는 죄의 법을 섬기노라.

주께 온전히 구원받은 바울 사도조차도 자신이 육신으로는 여전히 죄의 법을 섬기노라고 고백했습니다. 그래요! 목사님들도 그렇고 장로님들도 그렇고 우리 성도들도 바울 사도처럼 죄를 짓고 삽니다. 그 이유는 우리 모두가 구원은 받았어도 여전히 죄의 유혹에 길들여진 육신을 입고 있기 때문입니다. 여기서 잠시 죄와의 싸움이 구원받은 성도들에게 주는 유익에 관해서 몇 가지 생각해 보면 어떨는지요?

죄와의 싸움이 주는 유익

- 이사야 59:2 오직 너희 죄악이 너희와 너희 하나님 사이를 내었고 너희 죄가 그 얼굴을 가리워서 너희를 듣지 않으시게 함이니,

3장. 예수님께 묻고 싶어요

성경은 죄가 하나님의 징계라고 가르칩니다. 우리가 죄를 짓는 이유는 하나님께서 우리를 버려두셨기 때문인데, 이 죄가 갖고 있는 가장 심각한 문제는 우리와 하나님과의 사이를 멀어지게 하고 그 사이를 막는다는 데 있었습니다. 그런데 예수 십자가 공로로 이제는 하나님이 우리를 버려두시지 않으시며, 우리가 죄를 지어도 그 죄책이 하나님과 우리 사이를 더 이상 가로막지 못한다면, 죄와의 싸움은 우리에게 해롭다기보다는 도리어 유익이 되는 것 아닐까요? 그렇다면 과연 어떤 유익이 있을까요?

- 로마서 5:20 율법이 들어온 것은 범죄를 더하게 하려 함이라 그러나 죄가 더한 곳에 은혜가 더욱 넘쳤나니,

- 마태복음 11:28 수고하고 무거운 짐 진 자들아 다 내게로 오라. 내가 너희를 쉬게 하리라.

첫째, 죄와의 싸움은 예수님을 찾게 합니다. 하나님은 우리가 죄를 지면 양심의 가책呵責을 받게 하셨습니다. 죄를 짓고 괴로워하는 많은 성도들이 예수님께 용서받거나 죄짐을 맡기러 그분께 나아갑니다. 성경에 보면 불치의 병에 걸린 많은 사람들이 예수님을 찾아와 병을 고치고 구원도 받았듯이 우리는

회개하기 위해 언제든지 예수님께 나아갈 수 있습니다. 기도로 그분께 나아가는 것이지요.

둘째, 죄와의 싸움은 성령 충만을 구하게 합니다. 예수를 믿고 성령으로 거듭나서 구원은 받았지만 우리는 여전히 육신을 입고 있어서 연약합니다. 이를 알기에 죄를 지을 때마다 성령의 인도함을 받지 못했기 때문임을 깨닫고 다시금 회개하고 성령 충만함을 구하게 됩니다.

■ 갈라디아서 5:16 내가 이르노니 너희는 성령을 따라 행하라. 그리하면 육체의 욕심을 이루지 아니하리라 17. 육체의 소욕은 성령을 거스르고 성령은 육체를 거스르나니 이 둘이 서로 대적함으로 너희가 원하는 것을 하지 못하게 하려 함이니라 18. 너희가 만일 성령의 인도하시는 바가 되면 율법 아래에 있지 아니하리라.

성령 충만함을 받아 성령의 인도함을 따라 행하게 되면 우리는 더 이상 율법 아래에 있지 않습니다. 성령은 우리로 하여금 육체의 욕심을 이루지 않게 하십니다. 성령은 우리가 우리 안에 있는 육체의 소욕과 싸울 때에 연약한 우리를 도와주십니다. 우리는 죄와의 싸움에서 결국 승리할 수 있습니다.

3장. 예수님께 묻고 싶어요

■ 로마서 3:23 모든 사람이 죄를 범하였으매 하나님의 영광에 이르지 못하더니 24. 그리스도 예수 안에 있는 속량으로 말미암아 하나님의 은혜로 값없이 의롭다 하심을 얻은 자 되었느니라 25. 이 예수를 하나님이 그의 피로써 믿음으로 말미암는 화목제물로 세우셨으니 이는 하나님께서 길이 참으시는 중에 전에 지은 죄를 간과하심으로 자기의 의로우심을 나타내려 하심이니,

셋째, 죄와의 싸움은 하나님의 사랑을 잊지 않게 합니다. 성도는 죄를 짓거나 회개할 때마다, 우리를 죄에서 구원하시려고 독생자 예수를 십자가에 달리게 하신 하나님의 한량없는 사랑과, 예수 믿는 믿음으로 값없이 용서하여 주신 그분의 의로우심을 다시금 상기想起하게 됩니다.

■ 로마서 8:1 그러므로 이제 그리스도 예수 안에 있는 자에게는 결코 정죄함이 없나니 2. 이는 그리스도 예수 안에 있는 생명의 성령의 법이 죄와 사망의 법에서 너를 해방하였음이라.

여러분, 죄와의 싸움을 두려워하지 맙시다!

예수께서 우리의 죄를 대신 지셨을 뿐만 아니라 죄의 값을 모두 치르셨기 때문에, 우리가 예수 그리스도를 믿는 믿음 안에만 거한다면 하나님은 더 이상 우리를 정죄하지 않겠고 약속하

셨습니다. 예수 믿는 우리는 하나님 나라로 옮겨진 천국 백성입니다. 과거에 우리를 지배하던 죄와 사망의 법에 더 이상 저촉받지 않습니다! 이제 우리 모두는 죄를 두려워할 이유가 없습니다! 죄를 극복의 대상이요 연단의 도구로 활용하면 그만인 것입니다.

하나님의 자녀가 갖는 권세

하나님을 떠난 우리들은 본디 사탄의 종이었습니다. 종은 죄를 지으면 주인에게 처벌을 받는 존재입니다. 그때 주인인 사탄은 우리를 기소할 수 있는 권한이 주어진 존재였습니다. 마치 검찰 같은 권한을 가진 존재였지요.

- 요한복음 1:12 영접하는 자 곧 그 이름을 믿는 자들에게는 하나님의 자녀가 되는 권세를 주셨으니,

- 마태복음 12:31 그러므로 내가 너희에게 이르노니 사람에 대한 모든 죄와 모독은 사하심을 얻되 성령을 모독하는 것은 사하심을 얻지 못하겠고

3장. 예수님께 묻고 싶어요

그러나 예수 십자가 공로로 그의 종이 아니요 이제는 하나님의 자녀가 된 우리를 사탄은 더 이상 율법으로 기소할 수 없습니다. 구형求刑할 수도 없습니다. 왜냐하면 예수께서 우리의 죗값을 온전히 치르셨기 때문입니다. 비유하자면 검찰이 기소권을 상실한 것이지요. 이제는 우리의 육신이 죄를 짓는다 해도, 성령을 상실하지 않는 한, 하나님의 생명책에서 우리의 이름이 결코 지워지지 않는다는 사실을 굳게 믿어야 합니다. 믿기 어려우신가요? 이해를 돕기 위해 비유하자면 이렇습니다. 어떤 부모에게 자식이 있는데 그 자식이 그만 죽을죄를 지어 감옥에 갔습니다. 그렇다고 해서 부모가 그 자식을 호적에서 팔 수 있나요? 없지요? 더 이상 죄는 하나님과 우리의 관계를 끊을 수 없습니다. 이것이 하나님 아버지의 자녀가 된 우리들의 특별한 권세입니다. 이를 뒷받침하는 사건을 하나 볼까요?

■ 누가복음 23:39 달린 행악자 중 하나는 비방하여 이르되 네가 그리스도가 아니냐 너와 우리를 구원하라 하되 40. 하나는 그 사람을 꾸짖어 이르되 네가 동일한 정죄를 받고서도 하나님을 두려워하지 아니하느냐 41. 우리는 우리가 행한 일에 상당한 보응을 받는 것이니 이에 당연하거니와 이 사람이 행한 것은 옳지 않은 것이 없느니라 하고 42. 이르되 예수여 당신의 나라에 임하실 때에 나를 기억하소서 하니 43. 예수께서 이르시되 내가 진실로 네게 이르노니 오늘 네가

예수님과 함께 십자가에 달렸던 죄인은 둘 다 흉악범이었습니다. 예수님은 이 죄인 중 한 명이 회개하자마자 즉시 그를 구원하셨습니다. 예수께서 그가 지은 죄를 묻지도 따지지도 않고 구원하신 이 충격적인 사건이야말로, 우리의 구원이 우리의 도덕적인 선행과 아무런 관계가 없듯이, 우리가 지은 율법적인 죄 또한 우리의 구원과는 아무런 상관이 없음을 생생히 드러내는 사건입니다.

맺음

하나님은 왜 인간들로 하여금 죄를 짓게 내버려 두었을까요? 그 이유는 세 가지라고 했습니다.

첫째, 우리 인간들이 하나님을 알되 하나님을 영화롭게도 아니하며 감사하지도 아니했기 때문입니다.
둘째, 우리 인간들이 하나님의 영광을 사람과 새와 짐승과 기어 다니는 동물 모양의 우상으로 바꾸었기 때문입니다.

셋째, 우리 인간들이 그 마음에 하나님 두기를 싫어했기 때문입니다.

이 세 가지 문제들은 예수를 믿고 성령을 받게 되면 자연히 해결됩니다. 예수를 믿고 성령을 받으면 우리는 하나님을 영화롭게 하며 감사하게 됩니다! 더 이상 우상을 숭배하지 않게 됩니다. 우리 마음에 하나님 즉 성령을 두기를 간구하게 됩니다.

그러나 이렇게 예수 믿고 성령 받음으로써 죄의 세 가지 문제가 해결된다 해도 여전히 남는 문제는 구원받은 우리가 계속해서 죄를 짓고 산다는 것이지요. 이는 우리가 죄에 길들여진 육신을 여전히 입고 있기 때문입니다. 하지만 그렇다고 해서 구원받은 사실을 의심하거나 낙심할 필요는 없습니다. 누에가 허물을 벗으며 성장하듯 인간도 죄의 허물을 벗으며 성장하는 것! 그러니 이제부터는 더 이상 죄를 두려워하지 마시고, 성령과 함께 용감히 싸워 이기며 성장해 나가시기 바랍니다.

- 이사야 43:25 나 곧 나는 나를 위하여 네 허물을 도말하는 자니 네 죄를 기억하지 아니하리라.

그래도 확신이 들지 않는다고요? 그렇다면 생각해 보시기

바랍니다. 만약 우리가 스스로 짓는 죄 때문에 구원 받지못한
다면 그렇다면 예수님은 무엇 때문에 죽으셨단 말입니까? 이
제 예수 그리스도의 공로로 하나님의 자녀 된 우리는 '죄를 얼
마나 적게 짓느냐?'의 경주에서 '사랑을 얼마나 많이 하느냐?'
의 경주로 옮겨 온 자들임을 꼭 아시기 바랍니다. 인생의 채점
표가 달라진 것이지요.

3장. 예수님께 묻고 싶어요

17. 자녀를 위해 축복하면
들어주시나요?

야곱을 축복하는 아버지 이삭

'이삭'은 믿음의 조상 아브라함의 외아들입니다. 그는 아내 '리브가'로부터 쌍둥이 두 형제를 얻습니다. 세월이 흘러 이제 자신의 삶이 얼마 남지 않음을 안 아버지 이삭은 어느 날 장남인 '에서'를 불러 놓고서, 평소 자신이 좋아하는 별식을 요리해서 바치면 축복할 테니 가서 짐승을 사냥해 오라고 하지요.

■ 창세기 27:22 야곱이 그 아버지 이삭에게 가까이 가니 이삭이 만지며 이르되 음성은 야곱의 음성이나 손은 에서의 손이로다 하며 23.

그의 손이 형 에서의 손과 같이 털이 있으므로 분별하지 못하고 축복
하였더라.

그러나 이를 엿들은 아내 리브가가 두 아들 중에 동생인 '야
곱'을 편애한 나머지 그를 큰아들 '에서'로 재빨리 위장시켜, 눈
이 어두워 잘 보지 못하는 남편을 속이고, 형에게 내려질 축복
을 슬쩍 가로채게 합니다. 이 재미나는 이야기 중에서 특별히
하나님을 믿는 아버지에게는 그 자식을 축복할 수 있는 권한이
주어진다는 사실에 주목하고자 합니다.

- 창세기 27:28 하나님은 하늘의 이슬과 땅의 기름짐이며 풍성한 곡식
  과 포도주를 네게 주시기를 원하노라 29. 만민이 너를 섬기고 열국이
  네게 굴복하리니 네가 형제들의 주가 되고 네 어머니의 아들들이 네
  게 굴복하며 너를 저주하는 자는 저주를 받고 너를 축복하는 자는 복
  을 받기를 원하노라.

위에서 보시다시피 이삭이 야곱을 위해 빌어준 축복 중에서
첫 번째 축복은 '하나님은 하늘의 이슬과 땅의 기름짐이며 풍성
한 곡식과 포도주를 네게 주시기를 원하노라.' 즉 부富에 대한
것이었으며, 두 번째 축복은 '만민이 너를 섬기고 열국이 네게
굴복하리니 네가 형제들의 주가 되고 네 어머니의 아들들이 네

게 굴복하며' 즉 권력에 대한 것이었고, 마지막 축복은 '너를 저주하는 자는 저주를 받고 너를 축복하는 자는 복을 받기를 원하노라.' 즉 명예에 대한 축복이었습니다. (인생을 살면서 부와 명예와 권력을 등한시한 채 초연(超然)히 사는 것만이 고귀한 삶은 아님.)

자식을 축복도 하고 저주도 하는 노아

■ 창세기 9:20 노아가 농사를 시작하여 포도나무를 심었더니 21. 포도주를 마시고 취하여 그 장막 안에서 벌거벗은지라 22. 가나안의 아버지 함이 그의 아버지의 하체를 보고 밖으로 나가서 그의 두 형제에게 알리매 23. 셈과 야벳이 옷을 가져다가 자기들의 어깨에 메고 뒷걸음쳐 들어가서 그들의 아버지의 하체를 덮었으며 그들이 얼굴을 돌이키고 그들의 아버지의 하체를 보지 아니하였더라 24. 노아가 술이 깨어 그의 작은 아들이 자기에게 행한 일을 알고 25. 이에 이르되 가나안은 저주를 받아 그의 형제의 종들의 종이 되기를 원하노라 하고 26. 또 이르되 셈의 하나님 여호와를 찬송하리로다 가나안은 셈의 종이 되고 27. 하나님이 야벳을 창대하게 하사 셈의 장막에 거하게 하시고 가나안은 그의 종이 되게 하시기를 원하노라 하였더라.

한편 노아에 대한 이 기록은 자식에 대한 아버지의 권한이 축복권 뿐만 아니라 저주권도 있음을 알려줍니다. 또한 이 축복권은 죽을 때에만 사용할 수 있는 것이 아니라, 평소에도 사용할 수 있음을 알게 됩니다.

세 아이를 둔 아버지의 회심

평소에 자식을 축복하시려면 새벽에 잠자는 아이의 머리에 손을 얹고, 하나님께 조용히 축복기도를 하면 좋습니다. 자식에게 훈계할 것이 있을 경우에도 직접 하는 것보다 함께 손잡고 기도로 하는 것이 더 효과적일 때가 많습니다. 특히 자식이 사춘기를 맞이했을 때나 자꾸만 어긋나갈 때일수록 이 방법이 효과가 좋습니다. 다음은 어느 날 저와 제 친구가 나눈 대화입니다.

"임 형! 더 늦기 전에 교회 다니세요."
"미안한데, 아직은 때가 아닌 것 같아."
"그러면 언제쯤?"
"내가 죄를 짓지 않을 나이…… 대략 70살쯤?"

"임 형! 교회는 죄인들이 모인 곳입니다."

"……."

"임 형! 좋습니다. 그런데 그때까지 손해 보는 것이 있다는 것을 아서야 해요."

"……?"

"자녀를 위한 축복권을 그동안은 전혀 쓸 수 없게 돼요!"

"어?"

이 대화 후 제 친구는 곧 교회를 다니기 시작했습니다.

맺음

자식 농사? 그게 어디 부모 마음대로 되나요? 너무 일찍부터 어린아이를 엄마 품에서 떨어뜨려 어린이 집에다 맡겨 키우는 요즘의 세태에서, 자식농사 잘되기를 바라는 것은 맘처럼 쉽지 않습니다. 그뿐인가요? 남의 자식과 비교하며 욕심 좀 내다 보면 조기교육 광풍에 휘말리게 되고, 이렇게 되면 아이들과의 사이가 점점 더 벌어지기 십상이지요. 그래서 하나님께 맡기고 기도로 키우는 것이 상책입니다. "저 집은 어쩌면 저렇게 자식들이 잘 자랐을까? 부모가 교횔 다녀서 그런가?" 가끔 이런 소리 들어보셨지요? 어려서부터 자식을 교회 안에서 신앙으로 키우면 적어도 두 가지는 거저 얻습니다. 하나는 술을 이기는 사람이 되는 것이고, 다른 하나는 담배와 웬수 되는 것입니다. 아시다시피 인생을 사는 데 이 두 가지에 빠지지 않는다는 것은 상당히 중요합니다. 건강은 물론이고 커서 경제적 자립이나, 청결한 삶을 살 가능성이 훨씬 더 높아지겠지요.

자녀를 사랑하시지요? 장차 결혼을 해서 자식을 낳아 잘 키우고 싶으신가요? 그렇다면 예수를 믿으세요. 예수를 믿게 되면 소중한 자식을 하나님께 맡길 수 있으며, 또한 자식을 위해 축복기도를 할 수 있는 권세가 주어진다는 사실을 꼭 아시기 바랍니다. 모쪼록 믿는 부모로서의 축복권을 마음껏 누리시되 제 친구처럼 그 첫 기회가 너무 늦지 않게 되길 빕니다.

3장. 예수님께 묻고 싶어요

18. 십일조가 아까운데
꼭 드려야 하나요?

어느 날 아빠와 초등학교에 다니는 아들이 함께 목욕탕에 갔습니다. 돌아오는 길에 아들이 아빠에게 햄버거를 사달라고 졸랐답니다. 아빠가 햄버거 하나를 사주고 함께 차를 타고 오는데, 아들이 먹어 보란 말도 없이 혼자만 맛있게 먹는 겁니다. 그래서 아빠가 "아들~ 아빠도 한 입만 먹어 보자."라고 했더니 글쎄 아들이 "싫어!" 하며 몸을 휙 돌리답니다. 그래서 화가 난 아빠는 기회를 엿보다가 아들의 손에서 잽싸게 햄버거를 가로챈 후 크게 한 입 베어 먹었답니다. 그 후 어떤 일이 벌어졌을까요? 아들이 통곡을 하더랍니다.

위의 일화는 십일조 드리기를 아까워하는 우리들을 풍자한 글로 해석해도 좋을 듯해서 올렸습니다. 아빠가 "한 입만 먹어 보자."라고 말했을 때 "네! 드셔보세요. 아빠~" 했더라면? 아빠는 아마 속으로 '착한 우리 아들, 다음에는 더 맛있는 거 사줘야지.' 하지 않았을까요?

십일조에 대한 근거들

- 레위기 27:30 그리고 그 땅의 십분의 일 곧 그 땅의 곡식이나 나무의 열매는 그 십분의 일은 여호와의 것이니 여호와의 성물이라 31. 또 만일 어떤 사람이 그의 십일조를 무르려면 그것에 오분의 일을 더할 것이요 32. 모든 소나 양의 십일조는 목자의 지팡이 아래로 통과하는 것의 열 번째의 것마다 여호와의 성물이 되리라.

하나님께서 맨 처음 십일조에 관하여 명령하신 구약성경 레위기 27장 말씀입니다. 이렇게 하나님께서 직접 십일조를 바치게 하신 데에는 합당한 명분과 용도가 있었습니다. 토지소산의 십일조를 받으시는 명분은 이스라엘에게 가나안 땅을 주셨기 때문입니다. 또한 생명의 십분의 일을 받으신 명분은 애굽 땅에 재앙을 내려 온 집안의 장자들을 다 죽이실 때에 이스라엘 집의 장자들은 보호하사 구하셨기 때문입니다.

- 누가복음 11:42 화 있을진저 너희 바리새인이여 너희가 박하와 운향과 모든 채소의 십일조를 드리되 공의와 하나님께 대한 사랑은 버리는 도다 그러나 이것도 행하고 저것도 버리지 아니하여야 할지니라.

3장. 예수님께 묻고 싶어요

십일조에 대해 인터넷에 올라온 글들을 보면, 신약 시대를 사는 성도들은 십일조를 드릴 필요가 없다고 주장한 글들이 제법 많이 눈에 띕니다. 이처럼 인터넷에는 성경에 근거하지 않은 글들, 말하자면 말씀을 교묘히 왜곡하는 글들이 넘쳐나고 있습니다. 그러나 위의 누가복음 말씀에서 보았듯이 예수님은 십일조에 대하여 분명하게 명령하셨습니다. "그러나 이것도 행하고 저것도 버리지 아니하여야 할지니라."

이 십일조의 용도는 대략 두 가지입니다.

십일조의 용도

■ 민수기 18:21 내가 이스라엘의 십일조를 레위 자손에게 기업으로 다 주어서 그들이 하는 일 곧 회막에서 하는 일을 갚나니,

첫째, 레위인을 위한 십일조입니다.

가나안 땅을 분배할 때 하나님께서 제사의 일에만 헌신하라고 레위인들에게는 땅을 주지 않으셨습니다. 이 레위인들의 응식應食으로 그들에게 주라고 명령하신 십일조입니다. 오늘날 레위인은 없습니다. 그러나 목사님과 전임 사역자들을 구약 시

대의 레위인으로 여기고 응식을 드려도 큰 무리는 없다고 봅니다. 왜냐면 이분들은 교회와 예배는 물론이고 하나님 나라와 의를 위해 온전히 헌신하시기 때문입니다.

> ■ 신명기 14:28 매 삼 년 끝에 그해 소산의 십분의 일을 다 내어 네 성읍에 저축하여 29.너희 중에 분깃이나 기업이 없는 레위인과 네 성 중에 거류하는 객과 및 고아와 과부들이 와서 먹고 배부르게 하라 그리하면 네 하나님 여호와께서 네 손으로 하는 범사에 네게 복을 주시리라.

둘째, 빈자^{貧者}를 위한 십일조입니다.

이스라엘의 고아와 과부 그리고 나그네를 구제하기 위한 십일조입니다. 이 십일조는 하나님께서 축복을 약속하신 특별한 십일조입니다. 가난한 이웃들은 시대를 불문하고 늘 있기에 이 십일조는 꼭 드려야 합니다. 특별히 이 십일조는 교회 안에 있는 형제와 자매 중에서 경제적으로 어려운 처지에 있는 분들에게 보다 우선적으로 써진다면 좋겠지요?

돈, 명예, 권력은 사랑의 좋은 수단

■ 요한1서 3:17 누가 이 세상의 재물을 가지고 형제의 궁핍함을 보고도 도와줄 마음을 닫으면 하나님의 사랑이 어찌 그 속에 거하겠느냐.

인생은 돈과 명예와 권력의 경주이기도 합니다. 이 세 가지가 마치 악惡인 것처럼 애써 외면하고 사는 것은 어리석다 할 수 있습니다. 만약 이 세 가지가 없으면 우리는 과연 무엇으로 사랑을 한단 말입니까? 사랑을 말과 몸과 마음으로밖에 할 수 없겠지요. 궁색한 사랑이 될 것입니다. 이 돈과 명예와 권력을 사랑의 수단으로 잘 활용한 인물들이 성경 곳곳에 많이 나옵니다. 아브라함, 요셉, 룻의 남편 보아스, 삭개오 등등 이들은 풍부한 물질과 권력이 있었기에 더 큰 사랑을 베풀 수 있었지요. 서양의 한 철학자가 말했다지요? '돈을 많이 벌었다고 칭찬하지 말라. 돈을 어떻게 쓰는지 보고 칭찬하라'

■ 누가복음 12:21 자기를 위하여 재물을 쌓아 두고 하나님께 대하여 부요하지 못한 자가 이와 같으니라.

돈을 쓰는 데 우선순위를 아는 것은 매우 중요합니다. 하나님이 사람보다 우선입니다. 하나님께 드리는 제물 중에 십일조야말로 가장 중요합니다. 왜냐하면 십일조는 하나님과의 약속이요 그분의 명령이기 때문입니다. 또한 현실적으로도 주님이 세우신 몸 된 교회를 유지하는 데 있어서 가장 유용한 수단 입니다.

맺음

■ 말라기 3:8 사람이 어찌 하나님의 것을 도둑질하겠느냐 그러나 너희 는 나의 것을 도둑질하고도 말하기를 우리가 어떻게 주의 것을 도둑 질하였나이까 하는도다 이는 곧 십일조와 봉헌물이라.

오늘날 십일조의 진정한 문제는 적잖은 교회들이 하나님의 의도대로 쓰지 않고 있다는 데 있는 것 같습니다. 마땅히 교회 는 하나님이 명령하신 대로 십일조를 올바르게 써야 합니다. 구약성경에 보면 하나님께서는 제사장이나 레위인들의 응식應 食을 넉넉히 주도록 정하셨습니다. 따라서 십일조는 먼저 목사 님과 타 교역자들의 응식으로 쓰되 결코 인색해서는 안 될 것 입니다. 아울러 교회 안에 있는 고아와 과부와 가난한 형제들 을 위한 '빈자의 십일조'를 제대로 쓸 때 비로소 이를 바친 성도 들에게 복이 될 것이며, 나아가 십일조를 기쁘게 바치는 성도 들이 더욱더 늘어날 것입니다. 아무튼 우리가 꼭 기억해야 할

3장. 예수님께 묻고 싶어요

것은 십일조에 대한 예수님의 명령입니다. 그 명령은 **"그러나 이것도 행하고 저것**(십일조)**도 버리지 아니하여야 할지니라."** 입니다!

　우리 주님의 이 가르침에 따라서 많은 성도들이 십일조를 아낌없이 바침은, 이것이 곧 우리의 모든 소득이 하나님의 공급하심임을 인정하는 행위이며, 하나님께서 새 가나안 땅(기업)인 교회로 우리를 인도해 주신 것에 대한 감사의 표시이며, 가난한 형제와 이웃을 향한 사랑의 실천이기 때문입니다! 다만 한 가지 유념할 것은 십일조가 비록 하나님의 명령이지만 하나님의 은혜 없이는 드리기가 결코 쉽지 않다는 사실입니다. 아무튼 저처럼 십일조를 특권으로 여기고 기쁘게 드리는 은혜가 여러분께도 임하길 소망합니다.

쉬어가기: 십일조에 얽힌 이야기(옮김)

미국의 템플교회와 템플대학, 템플병원은 '해티'라는 한 소녀가 유언과 함께 남긴 헌금이 계기가 되어 세워진 건물입니다. 당시에는 교회가 학교를 대신하여 아이들을 가르쳤는데, 어느 해인가는 이 교회학교의 정원이 빠르게 찼고, 그래서 '해티'는 그곳에서 공부할 수가 없었습니다.

할 수 없이 혼자 집에서 공부해야 했던 이 소녀는, 그만 병에 걸려 하나님의 품으로 떠났습니다. 떠난 소녀가 누웠던 자리에서 57센트의 돈이 든 지갑과 함께 꼬깃꼬깃한 종이 한 장이 발견되었는데, 거기에는 이렇게 적혀 있었답니다. "이 돈을 교회 건축에 보태셔서, 더 많은 아이들이 교회에서 공부할 수 있게 해주세요."

이 소녀의 유언을 목사님이 주일 광고시간에 성도들에게 전했을 때, 온 성도들이 감동을 받아 건축헌금을 하기 시작했고,

그 감동의 물결이 다른 지역 사람들에게까지 전파되어, 마침내 템플교회가 새로 지어지고, 교회뿐 아니라 대학과 대학병원까지 짓게 되는 기적을 낳게 되었습니다.

한참 후, 어느 주일예배 때 이 템플교회의 러셀 콘웰 목사님이 성도들 가운데 온전히 십일조를 드리며 살아온 일곱 사람에게 간증을 할 수 있는 기회를 주었는데, 그중에 여섯 사람은 차례대로 나와서 하나같이 하나님께서 자신들에게 베풀어주신 엄청난 은혜와 축복들을 이야기했습니다. 이제 마지막 일곱 번째 사람이 단에 섰는데, 머리가 희고 기운이 전혀 없어 보이는 한 부인이었습니다. 그녀는 좀 머뭇거리는 태도를 보이다가 간신히 말했습니다. "나에게는 앞의 분들과 같은 간증이 없습니다. 나는 이 교회를 위하여 나의 모든 것을 드렸고, 늘 십일조를 하면서 근검절약하며 살아왔습니다. 그러나 나는 이제 나이가 많아졌고 곧 직장도 잃게 됩니다. 나는 직장을 잃고 나면 어떻게 살아가야 할지 아무런 방도가 없습니다." 그 여인이 근심 어린 말을 끝내고 들어가자 사람들은 모두 조용해졌습니다. 뜨겁던 분위기는 그만 냉랭하고 싸늘하게 식고 말았습니다.

이튿날 콘웰 목사님은 당시 백화점의 왕이요 훌륭한 크리스천이었던 존 와나 메이커에게 점심 초대를 받고 함께 식사를 하게 되었습니다. 존은 식사를 하면서 자기 회사의 일을 이야기했습니다.

"목사님! 저는 우리 회사에서 오랫동안 근무해 온 직원들을 위하여 수년간 연금제도를 연구하고 계획해 왔습니다. 그리고 오늘 우리 회사에서는 처음으로 과거 25년간을 잘 근무하여 온 한 사람에게 평생 연금을 수여하기로 결정했습니다. 이는 우리 회사의 자랑이며 저 또한 큰 보람을 느낍니다."

이렇게 설명을 마친 존 와나 메이커가 그 평생 연금을 제일 처음으로 타게 되는 회사원의 이름을 대었을 때 콘웰 목사님은 깜짝 놀라지 않을 수 없었습니다. 최초의 연금을 받는 사람이 다름 아닌 어제 교회에서 일곱 번째로 간증을 했던 바로 그 여성이었기 때문이었습니다.

4장

교회와 천국도
알고 싶어요

19. 예배를 꼭 교회 가서 드려야 하나요?

> 1. 하나님을 친아버지로 섬겨라.
> 2. 목사님을 하나님 다음으로 섬겨라.
> 3. 주일 예배는 본 교회에서 드려라.
> 4. 오른쪽 주머니는 항상 십일조 주머니로 하라.
> 5. 아무도 원수를 만들지 마라.
> 6. 아침에 목표를 세우고 기도하라.
> 7. 잠자리에 들기 전 하루를 반성하고 기도하라.
> 8. 아침에는 꼭 하나님 말씀을 읽어라.
> 9. 남을 도울 수 있으면 힘껏 도우라.
> 10. 예배 시간에는 항상 앞에 앉아라.
>
> — 록펠러 어머니의 유언

언젠가 한번, 예수께서 예루살렘에서 갈릴리로 내려가실 때에 특별히 사마리아 땅을 통과하여 가십니다. 우물가에서 한 여인을 만나시기 위함입니다. 율법적으로 본다면 이 여인은 유대인이 상종할 수 없는 부정한 여인이었습니다. 한 남자와 불법 동거 중이었는데, 전 남편은 무려 다섯 명이었습니다. 다음은 예수님과 이 여인의 대화입니다.

- 요한복음 4:19 여자가 이르되 주여 내가 보니 선지자로소이다 20. 우리 조상들은 이 산에서 예배하였는데 당신들의 말은 예배할 곳이 예루살렘에 있다 하더이다 21. 예수께서 이르시되 여자여 내 말을 믿으라 이 산에서도 말고 예루살렘에서도 말고 너희가 아버지께 예배할 때가 이르리라 23. 아버지께 참되게 예배하는 자들은 영과 진리로 예배할 때가 오나니 곧 이 때라 아버지께서는 자기에게 이렇게 예배하는 자들을 찾으시느니라 24. 하나님은 영이시니 예배하는 자가 영과 진리로 예배할지니라.

'영과 진리로 예배할지니라!' 예배에 관한 가장 중요한 가르침 중 하나인 이 말씀을 예수께서는 제자들도 아니요 유대인들도 아닌 한 천박한 사마리아 여인에게 가르쳐 주셨습니다. 이 사마리아 여인은 이웃 아낙네들의 눈을 피해 더운 한낮에 물을 뜨러온 불쌍한 처지의 여인이었습니다. 그러나 그녀는 남다른 의문과 기대를 품고 있었지요. 올바른 예배가 무엇인지에 대한 의문과 그리고 언젠가 메시아가 꼭 오시리라는 기대였습니다. 예수께서는 이러한 사마리아 여인을 찾아서 기꺼이 그 먼 길을 가신 것이지요. 진정 예수님은 사람을 보되 그 중심을 보시는 분이십니다. 그래서 전 예수님이 너무너무 좋습니다.

- 이사야 1:12 너희가 내 앞에 보이러 오니 이것을 누가 너희에게 요구

하였느냐 내 마당만 밟을 뿐이니라.

반면에 당시 존귀한 지위에 있었던 유대교 지도자들이나 바리새인들은 자신들이 올바른 예배를 드리고 있다고 믿어 의심치 않았습니다. 그렇다면 오늘날 우리는 과연 하나님께서 기뻐 받으실만한 예배를 드리고 있는 것일까요? 저와 함께 예배해 대해 좀 더 알아보지요.

누가 예배드리나?

■ 마태복음 22:8 이에 종들에게 이르되 혼인 잔치는 예비되었으나 청한 사람들은 합당치 아니하니 9.사거리 길에 가서 사람을 만나는 대로 혼인 잔치에 청하여 오너라 한대 10.종들이 길에 나가 악한 자나 선한 자나 만나는 대로 모두 데려오니 혼인 자리에 손이 가득한지라.

아브라함이 살던 시대에 온 인류는 다시금 하나님을 잊고 살았습니다. 때가 되자 하나님은 모세를 통해 먼저 이스라엘 백성을 택하여 구별하시고 하나님께 예배드리게 하셨습니다. 이 구약시대에 우리는 본디 사거리 길에 있었던 이방인이었습니다. 우리는 혼인잔치에 나중에 초청받은 자들인 셈이지요.

- 이사야 45:22 땅 끝의 모든 백성아 나를 앙망하라 그리하면 구원을 얻으리라 나는 하나님이라 다른 이가 없음이니라.

하나님께서는 이사야 선지자를 통해 이스라엘만이 아니라 이방 모든 민족들이 여호와께 예배드리고 또 구원을 얻으리라고 약속하셨고, 이 약속은 예수님의 십자가 공로로 이루어졌습니다. 그러므로 우리는 더 이상 이스라엘을 시기하거나 부러워할 필요가 없습니다. 이제는 육적인 이스라엘 백성보다는 영적인 이스라엘 백성이 더 중요한 시대가 되었기 때문입니다.

언제 예배드리나?

- 사도행전 20:7 안식 후 첫날에 우리가 떡을 떼려 하여 모였더니 바울이 이튿날 떠나고자 하여 저희에게 강론할 쌔 말을 밤중까지 계속하매,

위는 사도 바울이 소아시아 지역에 가서 전도하며 예배드린

기록인데 안식일 날이 아니라 안식 후 첫날, 즉 일요일에 모였다고 했습니다. 다음은 초대교회가 언제 예배를 드렸는지에 대한 가톨릭 교부들의 증언입니다.

① 바르나바(1세기 무렵에 활약한 시리아의 안디옥 교회 지도자)

"초하루와 사바트(안식일)와 기타 축일을 우리는 벌써 지키지 않는다. 우리는 여덟째 날을(일요일) 축제일로 하여 기쁘게 지내고 있는데, 이날은 예수께서 죽음으로부터 부활하신 까닭이다."

② 유스티노(AD100년 팔레스티나 출생 137년 유대교에서 개종, 순교)

"우리는 일요일에 모인다. 이는 우리 구세주 예수께서 죽은 이들 가운데서 그날 부활하셨기 때문이다."

③ 아우구스티노(교부 철학자 AD300년경)

"주일을 종교적 예식을 갖추어 지내도록 사도들과 사도시대의 어른들이 정하였다. 그 이유는 그날이 우리 구세주께서 죽은 이들 가운데서 부활한 날이기 때문이다. 그러므로 주일(主日)이라고 부른다. 이날에 경의와 영광을 돌려 속세의 일과 허탄함을 피하고 모름지기 하느님 공경에 전심하여야 한다. 우리 부활의 희망이 이날에 있기 때문이다. 우리 주께서 죽은 이들 가운데서 부활하신 것처럼 우리도 이렇게 부활할 것을 희망한다."

4장. 교회와 천국도 알고 싶어요

아시다시피 구약시대에 이스라엘은 하나님께서 천지창조를 하시고 쉬셨던 날인 안식일에 예배를 드렸습니다. 그러나 초대교회 그리스도인들은 예수께서 부활하신 날, 즉 안식일 다음 날인 매주 첫날, 즉 일요일을 주일主日이라고 칭하고 예수님의 부활 승리를 기념하여 이날 예배를 드렸습니다. 인터넷 포털 사이트를 통해 검색해 보면 일요일에 드리는 예배는 로마가 정한 것이라느니, 안식일인 토요일에 드려야 한다느니 하며 주일 예배를 비판하는 글들을 많이 볼 수 있습니다만, 위 교부들의 증언에서 명확히 알 수 있듯이 주일 예배는 로마가 정한 것이 아니라 초대교회에서 정한 것입니다.

무엇으로 예배드리나?

- 창세기 4:3 세월이 지난 후에 가인은 땅의 소산으로 제물을 삼아 여호와께 드렸고 4. 아벨은 자기도 양의 첫 새끼와 그 기름으로 드렸더니 여호와께서 아벨과 그 제물은 열납하셨으나,

에덴동산에서 추방당한 인간사의 첫 기록인 창세기 4장은 가인과 아벨의 제사에 관한 이야기로 시작됩니다. 그만큼 제사

가 중요하다는 뜻이겠지요. 따라서 제사, 즉 오늘날의 예배는 우리의 삶에서 그 우선순위가 가장 앞선 것이 되어야 마땅합니다. 국어사전에는 예배를 '경배의 의식'이라고 설명해 놓고 있으나, 개인적으로는 '예물을 드리며 경배하는 것'으로 해석하는 것이 더 성경적이라고 생각합니다.

- 요한계시록 4:10 이십사 장로들이 보좌에 앉으신 이 앞에 엎드려 세세토록 살아 계시는 이에게 경배하고 자기의 관을 보좌 앞에 드리며 이르되

하늘에 들려 올려진 사도 요한이 목격한 하늘나라의 참 예배에서도 보면, 장로들이 면류관을 예물로 드리면서 경배한다는 것을 알 수 있습니다. 이 면류관은 인생이란 전장戰場에서 믿음으로 승리한 자에게 주어지는 영광의 상급이지요.

- 요한복음 15:7 너희가 내 안에 거하고 내 말이 너희 안에 거하면 무엇이든지 원하는 대로 구하라 그리하면 이루리라 8. 너희가 과실을 많이 맺으면 내 아버지께서 영광을 받으실 것이요 너희가 내 제자가 되리라.

- 갈라디아서 5:22 오직 성령의 열매는 사랑과 희락과 화평과 오래 참

4장. 교회와 천국도 알고 싶어요

음과 자비와 양선과 충성과 23. 온유와 절제니 이 같은 것을 금지할 법이 없느니라.

우리가 하나님께 드려야 하는 참 예물(영광)은 십일조나 헌물이라기보다는 오직 성령과 함께 맺는 아홉 가지 열매일 것입니다. 이 과실을 많이 맺으면 하나님께서 영광을 받으신다고 예수님께서 직접 가르치셨습니다.

왜 예배드리나?

- 이사야서 43:7 무릇 내 이름으로 일컫는 자 곧 내가 내 영광을 위하여 창조한 자를 오게 하라 그들을 내가 지었고 만들었느니라.

- 이사야서 43:21 이 백성은 내가 나를 위하여 지었나니 나의 찬송을 부르게 하려 함이니라.

그렇다면 왜 예배드려야 합니까? 그것은 우리가 하나님께 영광과 찬송을 올리기 위함입니다. **하나님께서 우리를 지으신 본 목적은 하나님께 영광을 드리고 찬송을 부르게 하기 위함**

입니다. 이는 하나님께서 가장 기뻐하시는 것입니다. 예부터 영광과 찬송을 공식적으로 가장 경건하게 드리는 것이 바로 주일 예배입니다. 그러기에 택함을 받은 성도들이 이를 가장 소중히 여기는 것입니다. 이렇게 하나님께서 우리로 하여금 예배를 통해 그분께 영광 돌리게 하심에는 깊은 뜻이 있습니다. 이를 전제前提 삼아 당신의 크나큰 영광을 우리에게 주시기 위함입니다. 또한 하나님께서 우리로 하여금 우리의 삶이 그분께 찬송이 되게 하려 하심에도 깊은 뜻이 있습니다. 우리가 그분의 찬송이 되는 삶을 살 때에 우리의 인생이 비로소 가장 가치 있는 인생이 될 수 있기 때문입니다.

■ 고린도전서 15:57 우리 주 예수 그리스도로 말미암아 우리에게 승리를 주시는 하나님께 감사하리로다.

우리가 예배를 드리는 또 한 가지 이유는 하나님의 은혜에 감사드리기 위함입니다. 천지만물을 선하게 지으신 하나님께 감사하고 또한 하나님께서 예수 그리스도로 말미암아 우리에게 주신 한량없는 은혜와 크신 사랑에 감사드리기 위함이지요. 예수 그리스도의 십자가 공로는 우리를 하나님과 화목하게 하고, 의롭게 하고, 열매 맺게 하고, 죄에서 자유롭게 하고, 사탄을 이기게 하고, 부활하게 하고, 후사 곧 자녀 되게 하고, 영생하

4장. 교회와 천국도 알고 싶어요

게 하고, 하나님의 영광에 이르게 하는 등등 이루 다 말할 수 없으니 어찌 감사하지 않을 수 있겠습니까?

■ 시편 50:23 감사로 제사를 드리는 자가 나를 영화롭게 하나니 그 행위를 옳게 하는 자에게 내가 하나님의 구원을 보이리라.

우리가 예배를 드리는 또 다른 이유는 하나님의 구원을 보기 위함입니다. 영과 진리 안에서 감사로 드리는 우리의 예배는 하나님을 영화롭게 하며 마침내 구원을 볼 수 있게 합니다. 그렇다면 우리가 예배드릴 대상은 누구입니까?

누구에게 예배드리나?

■ 마태복음 4:8 마귀가 또 그를 데리고 지극히 높은 산으로 가서 천하 만국과 그 영광을 보여 9. 이르되 만일 내게 엎드려 경배하면 이 모든 것을 네게 주리라 10. 이에 예수께서 말씀하시되 사탄아 물러가라 기록되었으되 주 너의 하나님께 경배하고 다만 그를 섬기라 하였느니라.

- 마태복음 6:9 그러므로 너희는 이렇게 기도하라 하늘에 계신 우리 아버지여 이름이 거룩히 여김을 받으시오며,

"주 너의 하나님께 경배하고 다만 그를 섬기라." 그렇습니다! 오직 여호와 하나님께만 경배 드려야 합니다! "하늘에 계신 우리 아버지여," 그렇습니다! 오직 하나님 아버지께만 기도 드려야 합니다! 그분만이 존귀하시며, 거룩하시며, 영원하시며, 예배 받으시기에 합당하신 창조주이시며 주권자이시기 때문입니다.

어디서 예배드리나?

- 마태복음 16:16 시몬 베드로가 대답하여 이르되 주는 그리스도시요 살아 계신 하나님의 아들이시니이다 17. 예수께서 대답하여 이르시되 바요나 시몬아 네가 복이 있도다 이를 네게 알게 한 이는 혈육이 아니요 하늘에 계신 내 아버지시니라 18. 또 내가 네게 이르노니 너는 베드로라 내가 이 반석 위에 내 교회를 세우리니 음부의 권세가 이기지 못하리라.

여행 중이나 특별한 경우가 아니라면 예배는 소속된 교회에서 드리는 것이 좋습니다. 간혹 교회의 부정적인 모습을 보고 교회에 소속되는 것을 거부하며 나 홀로 신앙생활을 고집하는 분들이 있는가 하면 무교회주의자로 표방하시는 분들도 있습니다만 참으로 안타까운 일입니다. 그것은 예수께서 피 흘려 세우신 교회를 무너뜨리는 실로 오만한 언행입니다! 물론 교단마다 교회마다 다 흠이 있습니다. 그러나 어떤 이유가 됐던 교회에 소속되지 않는 것은 옳지 않습니다. 이는 무국적자와 다름이 없지요. 하나님은 이 땅의 천국인 교회를 통해서 다스리시며, 교회를 통해서 예배를 받으시고, 교회를 통해서 일하시기 때문입니다.

맺음

- 로마서 5:1 그러므로 우리가 믿음으로 의롭다 하심을 얻었은 즉 우리 주 예수 그리스도로 말미암아 하나님으로 더불어 화평을 누리자 2. 또한 그로 말미암아 우리가 믿음으로 서 있는 이 은혜에 들어감을 얻었으며 하나님의 영광을 바라고 즐거워하느니라.

예수께서 이 땅에 오시기 전에 우리는 하나님께 나아갈 수도 예배드릴 수도 없는 이방인이요 원수 된 자들이었습니다. 이는 우리 조상들이 하나님을 떠났기 때문에 받은 징계였습니다. 그러나 예수께서 이 땅에 오셔서 십자가에서 죽으심으로 우리의 죄를 옮기시고, 덮으시고, 대신 지셨기에 우리가 원수 된 자에서 자녀 된 자가 되어, 이제는 우리도 하나님의 은혜에 들어감을 얻음으로 그분의 영광을 바라고 즐거워하는 예배의 특권을 누릴 수 있게 된 것입니다.

예배가 우리를 예수 그리스도 닮게 하는 가장 좋은 수단이요 방편인 것을 알기에 우리는 매 주일마다 기쁨과 감사함으로 그분께 나아갑니다! 주일! 한 주간 우리의 삶 속에서 성령과 함께 준비한 사랑과 희락과 화평과 오래 참음과 자비와 양선과 충성과 온유와 절제의 열매를 안고서, 이 귀한 예물을 하나님께 바치려고 믿는 자들이 함께 나아가는 것입니다.

■ 로마서 12:1 그러므로 형제들아 내가 하나님의 모든 자비하심으로 너희를 권하노니 너희 몸을 하나님이 기뻐하시는 거룩한 산 제물로 드리라 이는 너희가 드릴 영적 예배니라.

천대받던 한 여인에게 우리 주님이 몸소 먼 길 찾아가셔서 가

4장. 교회와 천국도 알고 싶어요

르쳐 주신 영과 진리로 드리는 참 예배란, 영靈 즉 성령과 함께 하는 열매 맺는 삶이요, 진리 곧 하나님의 뜻과 예수님의 말씀에 순종하는 삶을 의미합니다. 우리의 삶 자체가 우리의 제물이 될 때 우리의 예배는 마당만 밟는 가인의 제사가 되지 않고, 하나님께서 기뻐 받으시는 아벨의 제사가 될 것입니다.

쉬어가기: 교회는 종합병원

"건강한 자에게는 의사가 쓸데없고 병든 자에게나 쓸데 있느니라."

위 예수님의 말씀처럼 교회는 병든 자들이 모이는 곳입니다. 교회라는 병원의 의사는 예수님입니다. 의사의 처방으로 약을 지어주는 약사가 있는데 우리는 그분들을 목사님이라고 부르지요. 교회라는 병원에는 매우 다양한 환자들이 입원해 있기에 종합병원이라고 보아도 무방합니다. 어떤 환자는 자발적으로 입원하는가 하면 저같이 본의 아니게 응급실로 실려와 입원하는 환자들도 꽤 많이 있습니다.

환자들 중에는 환자라는 신분이 무슨 버슬인 양 으스대는 분들도 더러 있습니다. 아시다시피 환자들이 병원에 입원하는 이유는 병을 고치기 위함입니다. 그런데 이상하게도 이 병원에 입원한 환자 중에 완치되어 퇴원한 환자는 단 한 명도 없었답니다. 모두 불치병 환자들이기 때문입니다. 다행히 하루하루 병중이 호전되는 환자들은 제법 많이 있는 것 같습니다. 그런가하면 입원한 지 몇 년 또는 수십 년이 되었는데도 처음 입원할때와 별 차도가 없는 환자들도 꽤 있다고 합니다.

이런 바람직하지 못한 환자들의 경우를 살펴보면, 환자의 잘못이거나, 약사의 잘못이거나, 아니면 양쪽 모두의 잘못이거나 틀림없이 이 셋 중 하나입니다. 의사요? 그 어떤 경우도 의사에게는 전혀 문제가 없답니다.

문제의 원인이 약사에게서 발견되는 경우를 보면, 대부분 약사가 의사의 처방대로 약을 조제해 주지 않기 때문에 생기는 문제지요. 약사가 돈에 눈이 어두워진 경우에 이런 문제가 자주발생하곤 하는데, 이상한 것은 이런 일을 당하고도 눈치 못 채는 환자들이 꽤 많이 있다는 사실입니다. 한편, 환자들이 문제를 일으키는 경우를 보면 환자가 약사가 제조한 약을 전혀 먹지않는다거나 아니면 자기가 먹기 편한 약만 몰래 골라 먹었기 때문입니다. 그것도 아주 가끔씩. 간혹 의사가 처방한 약이나 약사가 제조한 약 대신 주변 사람이 좋다는 엉뚱한 약을 겁 없이먹어 부작용을 일으키는 경우도 발생하는데, 이런 분들은 약사들은 물론이요 의사까지도 욕을 먹이는 분들입니다.

안타깝지만 우리는 너나없이 불치의 병을 앓고 있습니다.
우리의 병은 좋은 의사에게 가야만 제대로 처방받습니다.
좋은 약은 좋은 약사를 만나야 조제를 받을 수 있습니다.
누가 뭐래도 세상에서 제일 좋은 약은 잘 듣는 약입니다.
신약과 구약은 모두 우리 몸과 마음에 잘 듣는 약입니다.

20. 교회가
왜 손가락질 받나요?

낮아지는 길을 가야 하는 제자들

- 마태복음 20:25 예수께서 제자들을 불러다가 이르시되 이방인의 집 권자들이 그들을 임의로 주관하고 그 고관들이 그들에게 권세를 부리는 줄을 너희가 알거니와,

세상은 돈과 명예와 권력을 쟁취하기 위한 전장입니다. 가진 자들은 대부분 못 가진 자들 위에 군림君臨합니다. 세상에서는 많이 가진 자가 큰 자입니다.

- 마태복음 20:26 너희 중에는 그렇지 않아야 하나니 너희 중에 누구

든지 크고자 하는 자는 너희를 섬기는 자가 되고 27. 너희 중에 누구든지 으뜸이 되고자 하는 자는 너희의 종이 되어야 하리라 28. 인자가 온 것은 섬김을 받으려 함이 아니라 도리어 섬기려 하고 자기 목숨을 많은 사람의 대속물로 주려 함이니라.

그런데 예수님께서는 전혀 다른 말씀을 하셨습니다. "너희 중에 누구든지 크고자 하는 자는 너희를 섬기는 자가 되고"라고 말입니다. 즉 하나님이 통치하시는 나라인 교회나 천국에서 '큰 자'라 함은 돈 많고 명예롭고 권력 센 자가 아니라 '섬기는 자'요, '종'이라고 가르치셨습니다. 하지만 언제부터인가 적지 않은 사람들이 교회 안에서조차 많이 갖기 위한 경쟁, 높이 되기 위한 경쟁, 힘센 자가 되기 위한 경쟁을 하기 시작했습니다. 좀 지나치다 싶을 만큼 자신을 높이기 위해 직분과 직위를 탐하는 길을 갑니다. 예수님 당시 바리새인들과 서기관들 또한 그런 높아짐의 길을 가고 있었습니다. 이런 번지르한 종교인들을 향해 예수님께서는 마태복음 23장 전체를 통해 통렬히 꾸짖으셨지요.

■ 마태복음 23:5 그들의 모든 행위를 사람에게 보이고자 하나니 곧 그 경문 띠를 넓게 하며 옷술을 길게 하고 6. 잔치의 윗자리와 회당의 높은 자리와 7. 시장에서 문안 받는 것과 사람에게 랍비라 칭함을 받는

것을 좋아하느니라. 8. 그러나 너희는 랍비라 칭함을 받지 말라 너희 선생은 하나요 <u>너희는 다 형제니라.</u>

예수님께서는 왜 제자들에게 높임을 받지 말라고 신신당부하셨을까요? 그것은 교회 안에서 우리가 직임만 다를 뿐 모두 평등한 형제이기 때문이 아닐까요? 그것이 이기적인 삶이 되기 때문이 아닐까요?

> ■ 누가복음 16:14 바리새인들은 돈을 좋아하는 자들이라 이 모든 것을 듣고 비웃거늘 15. 예수께서 이르시되 너희는 사람 앞에서 <u>스스로 옳다 하는 자들이나</u> 너희 마음을 하나님께서 아시나니 <u>사람 중에 높임을 받는 그것은 하나님 앞에 미움을 받는 것이니라.</u>

또한 세상으로부터 높임을 받는 것은 곧 하나님 아버지께 미움받는 것이기 되기 때문이지요. 왜냐면 주의 종들의 눈은 하나님께든지 아니면 세상(부와 명예와 권력)에든지 어느 한 곳에 쏠릴 수밖에 없기 때문입니다. 주님의 종들이 돈과 명예와 권력을 쫓다 보면 결국 자신을 높이는 삶을 살게 됩니다. 그것은 결코 하나님의 영광을 위한 길이 아닙니다! 오직 자신의 영광을 위한 길일 뿐입니다.

높아지는 길을 가는 사울

하나님의 영광보다 세상의 높임을 받고자 했던 대표적인 사람이 바로 이스라엘 초대 왕으로 세움 받았던 '사울'입니다. 그는 이스라엘 열두 지파 중 세력이 가장 미약한 베냐민 지파 출신이었지만 하나님의 은택을 받아 영광스럽게도 이스라엘을 다스리는 첫 왕이 되었습니다.

> ■ 사무엘상 15:3 지금 가서 아말렉을 쳐서 그들의 모든 소유를 남기지 말고 진멸하되 남녀와 소아와 젖 먹는 아이와 우양과 낙타와 나귀를 죽이라 하셨나이다 하니, (중략) 7. 사울이 하윌라에서부터 애굽 앞 술에 이르기까지 아말렉 사람을 치고 8. 아말렉 사람의 왕 아각을 사로잡고 칼날로 그의 모든 백성을 진멸하였으되 9. 사울과 백성이 아각과 그의 양과 소의 가장 좋은 것 또는 기름진 것과 어린 양과 모든 좋은 것을 남기고 진멸하기를 즐겨 아니하고 가치 없고 하찮은 것은 진멸하니라.

위의 구절은 사울 왕이 하나님의 명령을 거역하고, 세상으로부터 높아지는 길로 가버린 아말렉과의 전투 이야기입니다. 사울 왕의 첫 번째 잘못은 아말렉과의 전투에서 승리하면, 포로들과 그 전리품 모두를 없애라는 하나님의 명령을 거역한 것입니다. 처음엔 매우 겸손했던 사울이 어느덧 교만해졌기 때문이지요.

> ■ 사무엘상 15:20 사울이 사무엘에게 이르되 나는 실로 여호와의 목소리를 청종하여 여호와께서 보내신 길로 가서 아말렉 왕 아각을 끌어왔고 아말렉 사람들을 진멸하였으나 21. 다만 백성이 그 마땅히 멸할 것 중에서 가장 좋은 것으로 길갈에서 당신의 하나님 여호와께 제사하려고 양과 소를 끌어 왔나이다 하는지라.

사울 왕은 자기가 전리품 중에 좋은 것들을 남긴 이유는 여호와께 제사드리기 위함이었노라고 변명했으나, 사실은 자신을 위한 탐심 때문이요, 백성들에게 인기도 얻고 싶고, 또 높임도 받고 싶어서 그렇게 한 것이지요. 다시 말하자면 그의 눈이 하나님이 아닌 돈과 명예와 권력에 쏠린 것입니다.

> ■ 사무엘상 15:12 사무엘이 사울을 만나려고 아침에 일찍이 일어났더니 어떤 사람이 사무엘에게 말하여 이르되 사울이 갈멜에 이르러 자기를 위하여 기념비를 세우고 발길을 돌려 길갈로 내려갔다 하는지라.

사울 왕의 두 번째 잘못은 하나님께 영광 돌리는 대신 자기를 높이기 위하여 기념비를 세운 것입니다. 이에 사무엘 선지자는 장차 하나님께서 사울 왕을 버릴 것임을 알립니다. 하나님의 명령에 순종하기보다는 백성들로부터 높임을 받으려고 한 사울의 죄는 실로 무서운 결과를 낳습니다.

사울의 비참한 말로

■ 사무엘상 31:1 블레셋 사람들이 이스라엘을 치매 이스라엘 사람들이 블레셋 사람들 앞에서 도망하여 길보아 산에서 엎드러져 죽으니라 2. 블레셋 사람들이 사울과 그의 아들들을 추격하여 사울의 아들 요나단과 아비나답과 말기수아를 죽이니라 3. 사울이 패전하매 활 쏘는 자가 따라잡으니 사울이 그 활 쏘는 자에게 중상을 입은지라 4. 그가 무기를 든 자에게 이르되 네 칼을 빼어 그것으로 나를 찌르라 할례 받지 않은 자들이 와서 나를 찌르고 모욕할까 두려워하노라 하나 무기를 든 자가 심히 두려워하여 감히 행하지 아니하는지라 이에 사울이 자기의 칼을 뽑아서 그 위에 엎드러지매 5. 무기를 든 자가 사울이 죽음을 보고 자기도 자기 칼 위에 엎드러져 그와 함께 죽으니라.

언제부터인가 겸손의 초심을 잃고 세상으로부터 높임받기 위한 길을 갔던 사울 왕은 마침내 비참한 최후를 맞습니다. 자신의 세 아들과 함께 길보아 전투에서 전사하고 맙니다. 사울이 이렇게 패가망신한 것은 그가 하와와 똑같은 길을 갔기 때문입니다. 그는 하나님의 명령을 왜곡하고, 의심하고, 거역함으로 제2의 하와가 된 것이지요.

> ■ 빌립보서 2:6 그는 근본 하나님의 본체시나 하나님과 동등됨을 취할 것으로 여기지 아니하시고 7. 오히려 자기를 비워 종의 형체를 가지사 사람들과 같이 되셨고 8. 사람의 모양으로 나타나사 자기를 낮추시고 죽기까지 복종하셨으니 곧 십자가에 죽으심이라 9. 이러므로 하나님이 그를 지극히 높여 모든 이름 위에 뛰어난 이름을 주사,

반면 예수께서는 이 땅에 오실 때부터 돌아가실 때까지 항상 자신을 낮추셨습니다. 세상의 밑바닥을 상징하는 말구유에서 나셨고, 세상을 사시되 돈과 명예와 권력에 초연超然하셨으며 죄인 중에서도 상 죄인의 형틀인 십자가에서 삶을 마치셨습니다! 예수를 믿고 따르는 자들을 성도聖徒라 부릅니다. 이는 예수님이 가신 '거룩한 길을 따라가는 무리'라는 뜻입니다. 우리가 교회 안에서 낮아짐의 경주를 해야 하는 이유는 우리 주님께서 그 길을 가셨기 때문이요, 그 길을 가라고 명하셨기 때문입니다. 특히 주의 종으로 부름 받으신 분들은 더 낮아져야 합니다. 그래야만 성도들이 주의 종의 하체를 볼 수 없습니다!

맺음

■ 요한복음 13:4 저녁 잡수시던 자리에서 일어나 겉옷을 벗고 수건을 가져다가 허리에 두르시고 5.이에 대야에 물을 떠서 제자들의 발을 씻으시고 그 두르신 수건으로 닦기를 시작하여

"너희 중에 누구든지 크고자 하는 자는 너희를 섬기는 자가 되고"

이것이 예수님의 명령이었지요. 교회는 세상과 거꾸로 서야 합니다. 주의 종들께서 낮아질 때 비로소 하나님께서 세상으로부터 높임을 받을 수 있습니다. 잘 아시듯이 예수님은 단 한 번도 당신께서 영광을 받으신 적이 없습니다. 모두 아버지께 돌리셨지요. 그런데 어느 원로 목사께서 개탄하며 이런 말을 하셨다고 하지요. "오늘날 한국 교회에는 오직 두 부류의 목사들만 있어요. 그 한 부류는 대형교회의 목사이며 다른 한 부류는 대형교회만을 꿈꾸는 목사들입니다!"

오늘날 세상이 교회를 손가락질하고 욕하며 복음을 거부하는 가장 큰 이유 중 하나가 주의 종들이 사울 왕처럼 하나님이 아닌 세상으로부터 높임을 받는 길을 가기 때문이 아닌지요. 아

니면 자신의 영광을 위한 길과 하나님의 영광을 위한 길을 동시에 걸어가기 때문은 아닌지요? 낮아지는 길? 물론 이 길은 좁은 길이요 힘든 길입니다. 그러나 반드시 가서야만 합니다. 예수께서는 잡히시던 날 밤, 그 마지막 만찬에서까지 제자들의 발을 손수 씻어 주심으로써(세족식) 장차 교회를 세우고 섬길 제자들에게 몸소 낮아짐의 본을 보이셨습니다. 잊지 말아야 합니다.

'사람 중에 높임을 받는 그것은 하나님 앞에 미움을 받는 것이니라.'

이는 주님의 준엄한 경고입니다! 만약 주의 종이 의롭지 못한 부와 명예와 권력을 탐하며 자신이 높임 받는 길을 계속 간다면 그 말로末路는 사울 왕과 같을 것입니다! 성직자뿐만 아니라 참 그리스도인의 삶은 섬김의 경주요 낮아짐의 경주입니다! 그 길 끝에서 하나님께서 우리를 마침내 높여주실 것입니다. 세상으로부터 높임받는 것은 한때의 일이지만 하나님께 높임 받는 것은 영원한 것입니다.

"진실로 너희에게 이르노니 그들은 자기 상을 이미 받았느니라."

21. 어디
완전한 교회 없나요?

어느 날 한 크리스천이 어떤 목사님을 찾아왔다.

"목사님 혹시 완전한 교회가 어디 있는지 아시나요? 아시면 제발 가르쳐 주세요!"

목사님은 잠시 망설이다가 말씀하셨다.

"성도님! 제가 사실은 완전한 교회를 한 곳 알고 있습니다.

그런데 문제는 그 교회를 성도님께는 알려 드릴 수가 없다는 겁니다."

"아니 왜요?"

"제가 가르쳐 드려 성도님이 그리로 가시게 되면

그 완전하던 교회가 머지않아 곧 문제 있는 교회로 바뀔 것이기 때문입니다."

좋은 교회? 예배를 잘 드리는 교회

■ 요한복음 4:24 하나님은 영이시니 예배하는 자가 영과 진리로 예배할지니라.

4장. 교회와 천국도 알고 싶어요

교회는 인격 공동체가 아니라 예배 공동체입니다. '하나님은 영이시니 예배하는 자가 영in spirit과 진리in truth로 예배할지니라.' 좋은 교회는 영과 진리 안에서 예배를 잘 드리는 교회입니다. 영in spirit 안에서 예배드린다는 의미는 예수 믿고 성령 받은 성도들이 드리는 예배를 의미한다고 해석할 수 있습니다. 진리in truth 안에서는 '성부와 성자의 말씀 안에서'라는 뜻으로 풀이할 수 있습니다.

■ 이사야 1:12 너희가 내 앞에 보이러 오니 이것을 누가 너희에게 요구하였느냐 내 마당만 밟을 뿐이니라 13. 헛된 제물을 다시 가져오지 말라 분향은 내가 가증히 여기는 바요 월삭과 안식일과 대회로 모이는 것도 그러하니 성회와 아울러 악을 행하는 것을 내가 견디지 못하겠노라.

좋은 예배는 삶과 일치하는 예배입니다. 가인은 삶과 일치하지 않는 제사를 드렸기 때문에 하나님께서 그의 제사를 받지 않으셨습니다. 역시 하나님은 악을 행하며 드리는 유대인들의 제사도 싫어하셨습니다!

좋은 교회? 좋은 목회자가 섬기는 교회

- 마태복음 7:15 거짓 선지자들을 삼가라 양의 옷을 입고 너희에게 나
  아오나 속에는 노략질하는 이리라

교회에서 목회자의 비중은 매우 큽니다. 때문에 좋은 목회자
가 있어야 장차 좋은 교회로 발전할 가능성이 높겠지요? 그렇
다면 좋은 목회자란 과연 어떤 목회자일까요? 성경을 근거로
일곱 가지를 정리해 보았습니다. 이 일곱 가지는 거짓 선지자
들을 삼가는 데나 목사님을 위해 기도하는 데에는 활용하시되,
목사님을 비판하는 기준으로는 삼지는 말아 주실 것을 먼저 부
탁드립니다.

첫째, 먼저 하나님 나라와 의를 구하십니다.
- 마태복음 6:33 그런즉 너희는 먼저 그의 나라와 그의 의를 구하라 그
  리하면 이 모든 것을 너희에게 더하시리라.

둘째, 설교도 잘하지만 사랑을 더 잘하십니다.
- 요한복음 21:17 세 번째 이르시되 요한의 아들 시몬아 네가 나를 사
  랑하느냐 하시니 주께서 세 번째 네가 나를 사랑하느냐 하시므로 베

드로가 근심하여 이르되 주님 모든 것을 아시오매 내가 주님을 사랑하는 줄을 주님께서 아시나이다.

셋째, 착한 행실로 하나님께 영광 돌리십니다.

- 마태복음 5:16 이같이 너희 빛이 사람 앞에 비치게 하여 그들로 너희 착한 행실을 보고 하늘에 계신 너희 아버지께 영광을 돌리게 하라.

넷째, 낮은 곳으로 임하십니다.

- 마태복음 23:6 잔치의 윗자리와 회당의 높은 자리와 7.시장에서 문안 받는 것과 사람에게 랍비라 칭함을 받는 것을 좋아하느니라 8.그러나 너희는 랍비라 칭함을 받지 말라 너희 선생은 하나요 너희는 다 형제니라.

다섯째, 하나님의 말씀을 대언代言하는 주일예배 설교자입니다.

- 에스겔 37:4 또 내게 이르시되 너는 이 모든 뼈에게 대언하여 이르기를 너희 마른 뼈들아 여호와의 말씀을 들을지어다.

- 사도행전 4:31 빌기를 다하매 모인 곳이 진동하더니 무리가 다 성령이 충만하여 담대히 하나님의 말씀을 전하니라.

여섯 번째, 하나님과 재물을 함께 섬기지 않습니다.

- 마태복음 6:24 한 사람이 두 주인을 섬기지 못할 것이니 혹 이를 미워하며 저를 사랑하거나 혹 이를 중히 여기며 저를 경히 여김이라 너희가 하나님과 재물을 겸하여 섬기지 못하느니라.

일곱째, 좋은 성도로 좋을 열매를 맺으십니다.

- 마태복음 7:16 그들의 열매로 그들을 알지니 가시나무에서 포도를, 또는 엉겅퀴에서 무화과를 따겠느냐 17. 이와 같이 좋은 나무마다 아름다운 열매를 맺고 못된 나무가 나쁜 열매를 맺나니,

좋은 교회? 좋은 성도들이 많은 교회

아시다시피 교회는 목회자와 성도로 이루어집니다. 따라서 좋은 교회에는 좋은 목회자뿐 아니라 좋은 성도가 있어야 합니다. 좋은 성도란 과연 어떤 성도일까요? 역시 일곱 가지로 정리해 보았습니다.

첫째, 하나님을 사랑합니다.

- 신명기 6:5 너는 마음을 다하고 뜻을 다하고 힘을 다하여 네 하나님

4장. 교회와 천국도 알고 싶어요

여호와를 사랑하라.

둘째, 성령을 받아 거듭났습니다.

- 요한복음 3:5 예수께서 대답하시되 진실로 진실로 네게 이르노니 사람이 물과 성령으로 나지 아니하면 하나님의 나라에 들어갈 수 없느니라.

셋째, 매일 성경 읽고 묵상합니다.

- 시편 1:2 오직 여호와의 율법을 즐거워하여 그의 율법을 주야로 묵상하는 도다.

넷째, 삶의 열매를 잘 맺습니다.

- 요한복음 15:8 너희가 열매를 많이 맺으면 내 아버지께서 영광을 받으실 것이요 너희는 내 제자가 되리라.

다섯째, 온 가족을 잘 다스려 믿음 안에 있습니다.

- 디모데전서 3:12 집사들은 한 아내의 남편이 되어 자녀와 자기 집을 잘 다스리는 자일지니.

여섯째, 십일조를 기쁨으로 드립니다.

- 말라기 3:8 사람이 어찌 하나님의 것을 도둑질하겠느냐 그러나 너희

는 나의 것을 도둑질하고도 말하기를 우리가 어떻게 주의 것을 도둑
질하였나이까 하는도다 이는 곧 십일조와 봉헌물이라.

일곱째, 교회를 비판하지 않습니다.
- 마태복음 7:1 비판을 받지 아니하려거든 비판하지 말라 2. 너희가 비
판하는 그 비판으로 너희가 비판을 받을 것이요 너희가 헤아리는 그
헤아림으로 너희가 헤아림을 받을 것이니라 3. 어찌하여 형제의 눈
속에 있는 티는 보고 네 눈 속에 있는 들보는 깨닫지 못하느냐.

교회 안에서 가끔 목사님들을 힘들게 하는 성도를 보게 됩니
다. 그런 분을 위해 이렇게 기도한 적이 있었습니다. "주님 저
성도님을 제발 좀 고쳐 주세요. 고치기 힘드시다면 제발 저희
교회에서 떠나가게 해 주세요." 그러자 주님이 제게 즉각 응답
하시더군요. "너나 잘하렴!" 이어서 저에게 말씀하셨습니다.
"너부터 그들과 반대로 어떻게 하면 목사님을 기쁘게 해 드릴
까를 늘 살펴서 행하는 성도가 되렴."

**"담임 목사가 행복해야 교회도 행복하지 않겠니?" "아~
멘!"**

교회를 다니면서 가장 불행한 교인이 있다면 목사님께 미움

4장. 교회와 천국도 알고 싶어요

받는 분이 아닐까요? 록펠러 어머니는 '목사님을 하나님 다음으로 섬기라'고 했지요? 왜냐면 교회에서 제일 힘든 분이 목사님이기 때문입니다. 그러나 이 힘든 직분을 맡으신 목사님께는 동시에 가장 무서운 권한이 위임되어 있음을 꼭 아시기 바랍니다.

■ 마태복음 16:19 내가 천국 열쇠를 네게 주리니 네가 땅에서 무엇이든지 매면 하늘에서도 매일 것이요 네가 땅에서 무엇이든지 풀면 하늘에서도 풀리리라 하시고.

맺음

참 예배, 참 목사, 참 성도로 구성된 교회. 이런 교회야말로 좋은 교회라고 할 수 있을 것입니다. 하지만 이 모든 것을 두루 다 갖춘 '좋은 교회'란 말 그대로 우리의 이상理想일 뿐입니다. 이런 교회만 찾다가는 평생 교회에 못 나갈 수도 있지요. 좋은 교회는커녕 내게 맞는 교회라도 있으면 좋겠는데 이를 알아보는 것조차 쉽지 않습니다. 그렇기 때문에 성령님께 구해야 합니다. 교회를 선택할 때뿐만 아니라 교회를 떠날 때에도 반드시 내 뜻이 아니라 성령님의 뜻을 묻고 행하면 좋습니다.

- 고린도전서 10:10 그들 가운데 어떤 사람들이 원망하다가 멸망시키는 자에게 멸망하였나니 너희는 그들과 같이 원망하지 말라 11. 그들에게 일어난 이런 일은 본보기가 되고 또한 말세를 만난 우리를 깨우치기 위하여 기록되었느니라 12. 그런즉 선 줄로 생각하는 자는 넘어질까 조심하라.

앞서 말씀드렸듯이 교회는 죄인들의 공동체입니다. 따라서 교회는 불완전할 수밖에 없습니다. 때문에 성도는 교회와 목회자와 다른 성도들에 대하여 분별은 하되 비판은 삼가고 묵묵히 기도하는 것이 좋습니다. 그 이유는 예수님께서 그 어느 교인(죄인)에게도 비판하고 비난하고 정죄하는 권한을 허락하신 바가 없기 때문입니다.

비판하고 싶고, 비난하고 싶고, 정죄하고 싶을 때, 조용히 스스로에게 이렇게 물어봅니다. **"주님이라면 지금 어떻게 하실까?"**

4장. 교회와 천국도 알고 싶어요

22. 중국 선교에
왜 힘써야 하나요?

미국 다음은 중국일까?

하나님은 로마가 세계를 지배할 때에 먼저 사도들을 보내셔서 복음의 씨를 뿌리게 하셨고 마침내 로마를 정복하게 하셨습니다. 로마를 통해 세계를 경영하시고자 함이셨습니다. 로마가 그 사명을 감당하고 있을 때 하나님께서는 그다음 나라들을 정하시고 세계를 섬길 사명을 주시기 전에 먼저 그 나라에 복음을 전하게 하셨습니다. 복음은 유감스럽게도 동진東進하지 않고 서진西進하여 유럽으로 갔습니다. 그리스, 로마, 스페인, 포르투갈, 프랑스, 독일, 네덜란드, 영국 등이 먼저 택함 받아 복음에 정복당했던 나라들이지요.

그 후 16세기가 되자 하나님께서는 신대륙을 발견하게 하시고 당신을 믿는 자들을 보내서 한 나라를 세우게 하십니다. 현재까지 쓰임을 받아 온 미국입니다. 바야흐로 21세기! 하나님의 세계 경영은 과연 어떻게 바뀌게 될까요? 미국이란 나라가 아직까지는 세계 평화를 위해 쓰임받고 있지만 과연 그것이 언제까지 지속될까요? 만약 미국이 지금처럼 계속해서 하나님의 뜻에서 벗어나고 그 역할이 축소된다면 과연 어느 나라가 이를 대신하게 될까요?

미국을 대신하여 세계를 섬길 나라로서 가능성이 가장 높은 나라는 중국이 아닐는지요? 이런 전망은 중국의 경제성장 때문만은 아닙니다. 물론 경제발전으로 인한 중국의 국력 신장도 한 이유가 될 수는 있겠으나 보다 확실한 징조는 따로 있다고 생각합니다. 국력 하나만 놓고 본다면 역사적으로 중국이 세계를 지배할 기회는 여러 번 있었습니다. 그러나 실제로 그런 역사는 일어나지 않았습니다. 왜?

■ 마태복음 20:25 예수께서 제자들을 불러다가 가라사대 이방인의 집권자들이 저희를 임의로 주관하고 그 대인들이 저희에게 권세를 부리는 줄을 너희가 알거니와

4장. 교회와 천국도 알고 싶어요

과거부터 지금까지 중국은 세계를 섬기는 것이 무엇인지, 그 진정한 의미를 모르는 나라입니다. 그러기에 21세기 초인 지금도 중국은 여전히 패권국가가 되기 위한 야욕에 사로잡혀 있습니다. 이는 중국이 아직도 복음을 온전히 받아들이지 못하고 있기 때문입니다. 왜냐하면 세계를 섬기는 사상은 오직 복음, 즉 성경을 통해서만 체득할 수 있는 것이기 때문입니다.

중국이 세계 제일이 되려면?

■ 마태복음 20:26 너희 중에는 그렇지 않아야 하나니 너희 중에 누구든지 크고자 하는 자는 너희를 섬기는 자가 되고 27. 너희 중에 누구든지 으뜸이 되고자 하는 자는 너희의 종이 되어야 하리라.

중국의 지도자들은 한자를 만든 그들의 조상들의 지혜를 알아야 합니다. '바르다', '정당하다'는 것을 그들의 조상이 어떻게 표기했는지를 알고 실천한다면 머잖아 중국이 세계 제일의 국가가 되어 온 세계를 섬길 수 있는 기회를 잡을 것입니다.

'正' '바를 정' 자는 위 상上 자와 아래 하下 자의 합으로 풀이할 수 있습니다. 이 두 글자를 합쳐서 '바르다'라는 뜻의 한자를 만든 중국인의 선조, 그분이 누구인지는 알 수 없지만 참으로 대단한 철학의 소유자가 아닌가 싶습니다. 왜냐하면 이 두 글자를 합치되 위 상上 자가 아래로 가고 아래 하下 자가 위로 가게 해서 '바를 정' 자를 만들었기 때문입니다.

그런즉 부와 명예와 힘을 가진 자가 이를 못 가진 자들 위에 군림하지 말고, 오히려 그것들을 가지고 못 가진 자들을 섬기라는 뜻이지요. 이것이 바르다는 것입니다! 이것이 정당하다는 것입니다! 예수님의 가르침과 같지 않나요? 바를 정正 자를 만든 분의 고귀한 사상을 따른다면 삼강오륜 중에서 삼강에 대한 해석도 아래와 같이 달리해야 한다고 봅니다.

군위신강(君爲臣綱): 신하가 임금을 섬기는 것이 벼리요

▶ 임금이 신하를 섬기는 것이 벼리요.

부위부강(夫爲婦綱): 부인이 남편을 섬기는 것이 벼리요

▶ 남편이 부인을 섬기는 것이 벼리요.

부위자강(父爲子綱): 자식이 부모를 섬기는 것이 벼리요

▶ 부모가 자식을 섬기는 것이 벼리요.

삼강의 해석을 이렇게 바꾸는 이유는 임금이 위요 신하가 아래며, 남편이 위고 아내가 아래며, 부모가 위며 자식이 아래이기 때문입니다. 부디 중국의 지도자들이 선조의 이 현명한 가

르침을 깨달아 그들의 부와 명예와 힘으로 세계 위에 군림하고
자 하는, 즉 패권국가가 되고자 하는 치졸한 야욕을 버리고, 진
정으로 세계를 섬기는 위대한 복음의 국가를 세우고자 힘쓰는
지혜로운 분들이 되기를 희망합니다.

맺음

- 이사야 14: 26 이것이 온 세계를 향하여 정한 경영이며 이것이 열방
  을 향하여 편 손이라 하셨나니 27. 만군의 여호와께서 경영하셨은즉
  누가 능히 그것을 폐하며 그의 손을 펴셨은즉 누가 능히 그것을 돌이
  키랴.

아시다시피 19세기부터 20세기까지 하나님은 전 세계에서
대한민국의 복음화에 가장 큰 관심을 보이셨던 것 같습니다.
그렇다면 21세기에 하나님은 과연 어느 나라의 복음화에 가장
큰 관심을 갖고 계실까요? 저는 중국이라고 봅니다. 근자에 중
국을 유례없이 복음화하시는 하나님의 뜻은 이 나라 이 민족에
게 세계를 섬길 기회를 주시기 위함이 아닐까요? 이런 하나님
의 뜻을 중국의 지도자들이 하루속히 깨닫고 기독교 선교사들

을 추방하는 따위의 어리석은 행동은 더 이상 저지르지 않기를 바랍니다. 그들이 복음을 거부하는 것은 스스로 세계 제일의 국가가 되는 복을 차버리는 것이 될 것입니다.

역사적으로 볼 때 이상하게도 유럽은 이슬람에 약한 모습을 보이곤 했습니다. 지난 20세기도 역시 이슬람의 서진西進은 무서운 기세를 보인 것 같습니다. 이제 기대할 수 있는 민족은 중국의 한족들뿐인 것 같습니다. 화교華僑로 일컬어지는 중국의 교민들은 세계 어디에 가서도 뿌리를 내리는 생존력과 적응력을 보이고 있습니다. 아랍 족속들을 상대로 싸워 이길 수 있는 강인함이 그들에게 있다고 봅니다. 아무튼 하나님께서 중국을 복음화 하시는 데 있어서 그 주역을 대한민국에게 맡기신 것 같습니다. 그렇다면 중국을 바라보는 우리의 시각이 바뀌어야 하지 않을까요? 우리의 관점이 아니라 하나님의 관점으로!

23. 천국행 열차,
어떻게 하면 탈 수 있나요?

천국!

이 단어는 구약에는 단 한 번도 등장하지 않는다. 오직 신약에만 37번 등장하는데 마태복음에만 무려 36번 등장한다. 천국에 가면 제일 먼저 무엇을 할까? 형편상 골프를 친 적이 없는 나는 한때 천국에 가면 일 년 내내 골프만 치리라고 마음먹었었다. 주일날 예배를 무시하고 골프만 치고 살다가 음부에 떨어진 사람들이 모두 부러워하게 신나게 쳐야지! 그러나 지금은 생각이 바뀌었다. "천국 가면 일 년 내내 예수님만 바라봐야지! 그분의 못 자국 난 손을 보며 내내 울고 있겠지?"

오직 믿음?

제가 만난 교인들 중에 상당수가 구원의 확신이 없다거나 아니면 "선행이 없이는 구원이 없는 것 아니냐?"고 묻는 분들이 의외로 많았습니다. 이런 분들을 위해 잠깐 16-17세기 종교개혁가들의 신앙표어를 알아보도록 하겠습니다.

오직 성경! Sola Scriptura

오직 그리스도! Solus Christus

오직 은혜! Sola Gratia

오직 믿음! Sola Fide

오직 하나님께 영광! Soli Deo Gloria

이상은 종교개혁 당시 개신교에서 내세운 아주 중요한 신앙 표어입니다. 여기서 세 번째 은혜란, 하나님의 구원이 인간이 지불하는 그 어떤 대가에 의해서가 아니라 거저주시는 것임을 알리고자 함이요, 네 번째 오직 믿음이란, 구원이 율법적 선행이 아니라 오직 믿음에 의한 것임을 강조하기 위한 표어입니다.

■ 로마서 3:27 그런즉 자랑할 데가 어디냐 있을 수가 없느니라 무슨 법
  으로나 행위로나 아니라 오직 믿음의 법으로니라 28.그러므로 사람
  이 의롭다 하심을 얻는 것은 율법의 행위에 있지 않고 믿음으로 되는
  줄 우리가 인정하노라.

위 말씀은 '오직 믿음'의 근거들 중에 가장 대표적인 말씀입니다. 소위 말하는 '이신칭의以信稱義', 오직 믿음으로만 하나님께 의롭다 일컬음을 얻을 수 있다는 사도 바울의 가르침이지요. 믿음만 가지고 구원이 될까요? 우리의 선행이 동반되어야

구원받을 수 있는 것 아닌가요? 이렇게 묻는 분들을 위해 천국행 열차의 비유로 설명드리겠습니다.

천국열차의 비유

여러분! 열차를 타보신 경험이 다 있으시지요? 열차를 타러 역에 가면 개찰구改札口를 통과해야 열차를 탈 수 있습니다. 개찰구? 영어로 하면 이해가 더 빠를 것 같군요. 티켓 게이트Ticket gate, 즉 표를 보여줘야 통과할 수 있는 문이라는 뜻입니다. 만약 여러분이 열차를 타러 갔는데 개찰원이 여러분을 세워 놓고 여러분의 직업을 묻는다든지, 학력을 묻는다든지, 신분을 따진다든지, 선악을 따진다면 얼마나 황당하시겠습니까? 지구상의 모든 개찰구에서는 오직 차표만 검표할 뿐입니다. 천국행 열차도 동일한 이치입니다! 티켓만 있으면 누구나 탈 수 있습니다. **천국행 열차의 티켓은 오직 하나! 거듭났음을 증명하는 성령뿐입니다!**

■ 요한복음 3:3 예수께서 대답하여 이르시되 진실로 진실로 네게 이르노니 사람이 거듭나지 아니하면 하나님의 나라를 볼 수 없느니라 4. 니고데모가 이르되 사람이 늙으면 어떻게 날 수 있사옵나이까 두 번째 모태에 들어갔다가 날 수 있사옵나이까 5. 예수께서 대답하시되 진실로 진실로 네게 이르노니 사람이 물과 성령으로 나지 아니하면 하나님의 나라에 들어갈 수 없느니라.

우리 모두는 예수 믿고 성령 세례를 받아 거듭나야만 비로소 천국에 갈 수 있습니다. 예수님의 가르침입니다! 하나님의 정하심입니다! 그렇다면 성령은 누구에게 주실까요? 교회 열심히 다닌 분에게? 착한 분에게? 부자에게? 가문 좋은 분에게? 학벌 좋은 분에게? 결코 아닙니다! 예수님은 그 어떤 조건도 제시하신 바가 없습니다. 누가복음 11장 13절에 보면 예수께서는 오직 하나님께 간구恳求 하는 자에게 성령을 주신다고 했습니다. 여러분이 만약 성령을 받지 못하셨다면 예수를 구주로 믿지 않거나, 믿어도 성령을 간절히 구하지 않았기 때문일 것입니다!

선행은 필요 없나요?

- 갈라디아서 5:16 내가 이르노니 너희는 성령을 따라 행하라 그리하면 육체의 욕심을 이루지 아니하리라

그렇다면 선행을 할 필요가 없는 것 아니냐? 반문하실 겁니다. 맞습니다. **구원을 받는 데 있어서는 우리의 선행은 조금도 필요하지 않습니다.** 오직 예수 그리스도에 대한 믿음으로 성령을 받으면 누구나 구원받고 천국에 갈 수 있습니다. 그렇지만 선행? 반드시 하셔야 합니다. 하지만 먼저 우리는 하나님이 받으실 만한 선행을 결코 할 수 없다는 사실을 아셔야 합니다. 왜냐고요? 우리는 이기적 선행밖에 할 수 없는 죄성罪性을 가진 존재이기 때문입니다. 하나님께서 우리에게 성령을 주시

는 이유가 바로 여기에 있습니다.

- 마태복음 6:1 사람에게 보이려고 그들 앞에서 너희 의를 행하지 않도록 주의하라 그리하지 아니하면 하늘에 계신 너희 아버지께 상을 받지 못하느니라.

우리는 반드시 성령과 함께 선을 행해야 합니다. 그것만이 하나님께서 원하시는 오직 하나님만을 위한 순도 100%의 선행이 되는 것입니다. 바리새인들은 율법을 철저히 지켰지만 오히려 예수님께 혹독한 질책을 받았지요. 왜일까요?

- 누가복음18:11 바리새인은 서서 따로 기도하여 이르되 하나님이여 나는 다른 사람들 곧 토색, 불의, 간음을 하는 자들과 같지 아니하고 이 세리와도 같지 아니함을 감사하나이다. 12. 나는 이레에 두 번씩 금식하고 또 소득의 십일조를 드리나이다 하고,

- 로마서 10:3 하나님의 의를 모르고 자기 의를 세우려고 힘써 하나님의 의에 복종하지 아니하였느니라.

바리새인들이 호된 질책을 받은 이유는 단 하나! 그들이 오직 자신들만을 위한 순도 불량의 의를 행했기 때문입니다. 백

4장. 교회와 천국도 알고 싶어요

성들에게 잘 보이기 위한 선행, 남에게 칭찬받기 위한 선행, 자신을 높이기 위한 겉치레 선행을 했던 것입니다. 그들은 '사울왕'이 갔던, 자신만을 높이는 길을 가고 있었습니다. 우리도 성령 없이 선을 행할 때에는 단지 바리새인의 선행만 행하게 될 뿐입니다.

■ 갈라디아서 6:8 자기의 육체를 위하여 심는 자는 육체로부터 썩어질 것을 거두고 성령을 위하여 심는 자는 성령으로부터 영생을 거두리라.

한자의 식息 자는 '쉬다'라는 뜻도 있고 '망하다'란 뜻도 있다고 했습니다. 이는 인생을 자기만을 위해 살면 결국 망한다는 가르침입니다. 세상에서 나뿐인 사람이 제일 나쁜 사람이라지요. 내 인생이 내 것인가요? 그렇게 사는 인생은 이기적인 삶이 됩니다. 바리새인의 삶이 되는 것입니다.

■ 누가복음 12:20 하나님은 이르시되 어리석은 자여 오늘 밤에 네 영혼을 도로 찾으리니 그러면 네 준비한 것이 누구의 것이 되겠느냐 하셨으니 21. 자기를 위하여 재물을 쌓아 두고 하나님께 대하여 부요하지 못한 자가 이와 같으니라.

나만을 위한 삶은 어리석은 삶이요, 하나님께 대하여 결코 부요하지 못한 삶이 되는 것입니다. 하나님께서는 재물을 마치 자기 혼자 잘해서 번 것으로 착각한 나머지, 오로지 나와 내 가족만을 위해 쓰며 사는 이런 이기적인 삶보다는, 재물을 하나님께서 잠시 내게 맡기신 사랑의 수단으로 알고, 힘든 이웃들을 위해 잘 쓰며 사는 이런 이타적인 삶을 더 기뻐하십니다. 왜냐하면 이런 사람들이 많을수록 우리 사회는 더욱더 아름다워지니까요.

■ 마태복음 22:35 그중의 한 율법사가 예수를 시험하여 묻되 36.선생님 율법 중에서 어느 계명이 크니이까 37. 예수께서 이르시되 네 마음을 다하고 목숨을 다하고 뜻을 다하여 주 너의 하나님을 사랑하라 하셨으니 38. 이것이 크고 첫째 되는 계명이요 39. 둘째도 그와 같으니 네 이웃을 네 자신 같이 사랑하라 하셨으니 40. 이 두 계명이 온 율법과 선지자의 강령이니라.

하나님의 계명 중 가장 중요한 계명은 사랑입니다. 예수 믿고 구하는 자에게 주시는 성령! 그 성령의 도우심을 받아 마음을 다하고 목숨을 다하고 뜻을 다하여 하나님을 사랑하고, 나아가 이웃을 내 몸같이 사랑하는 것 이것이 참 선행이지요. 우리는 예수 밖에서는, 성령 없이는, 하나님께서 받으시기에 합당한 순도 100%의 참 선행을 결코 행할 수 없습니다. 참 선행은 나를 위한 선행이 아니라 하나님을 위한 선행입니다. 하나님을 위한 선행은 하나님의 계명을 내가 아닌 하나님을 위하여 지키는 것입니다.

맺음

- 이사야 40:10 보라 주 여호와께서 장차 강한 자로 임하실 것이요 친히 그의 팔로 다스리실 것이라 보라 상급이 그에게 있고 보응이 그의 앞에 있으며,

- 마태복음 18:4 그러므로 누구든지 이 어린 아이와 같이 자기를 낮추는 사람이 천국에서 큰 자니라.

예수님은 하늘나라에 큰 자가 있고 작은 자도 있다고 말씀하셨습니다. 상급도 있는데 많이 받는 자도 있고 적게 받는 자도 있다고 가르치셨습니다. 열차를 타러 가서 보면 동일한 목적지로 가는 열차에 특등칸도 있고 삼등칸도 있듯이, 성령 받고 구원받은 성도들이 타는 천국행 열차에도 선행의 정도에 따라, 아니 성령과 함께 맺은 열매에 따라 앉는 자리가 다를 것입니

다. 그러므로 우리의 선행은 구원을 위해서는 전혀 소용없지만 우리의 성장과 우리의 영원한 상급을 위해서는 반드시 필요한 것입니다.

> ■ 요한복음 3:16 하나님이 세상을 이처럼 사랑하사 독생자를 주셨으니 이는 그를 믿는 자마다 멸망하지 않고 영생을 얻게 하려 하심이라.

성경은 '선행을 행하는 자마다 멸망하지 않고 영생을 얻게 하려 하심이라'라고 말씀하시지 않았습니다! '그를 믿는 자마다 멸망하지 않고 영생을 얻게 하려 하심이라'고 가르치고 있습니다. 천국열차? 오직 예수 믿고 성령 받은 자들만이 탈 수 있다는 사실이 이제는 이해가 되시는지요?

쉬어가기 : 예수 구원 불신 심판

거리를 걷다 보면 '예수천국 불신지옥'이란 팻말을 들고 전도하시는 분들을 가끔 보게 됩니다. 우리나라뿐 아니라 세계 곳곳에서 볼 수 있는 풍경이랍니다. **예수천국 불신지옥?** 과연 전도에 적합한 구호일까요? 너무 단정적이고 자극적인 구호가 아닌지요?

> ■ 마태복음 5:22 나는 너희에게 이르노니 형제에게 노하는 자마다 심판을 받게 되고 형제를 대하여 라가라 하는 자는 공회에 잡혀가게 되고 미련한 놈이라 하는 자는 지옥 불에 들어가게 되리라.

이는 지옥이 나오는 첫 성경 구절로 어느 날 갈릴리 언덕에서 예수께서 제자들에게 직접 가르치신 말씀입니다. 이 지옥에 대한 말씀은 모두 예수님이 직접 하신 말씀으로 마태복음에 일곱 번, 마가복음에 세 번, 누가복음에 한 번, 이렇게 총 열한 번 나옵니다. 그런가 하면 구약성경에서는 단 한 번도 지옥이란 단어를 찾아볼 수 없습니다. 마가나 누가복음의 말씀은 모두 마태복음과 중복되는 말씀들입니다. 따라서 지옥에 대해 알려면 마태복음에 나오는 일곱 말씀만 잘 살펴보면 됩니다. 우리가 주목할 점은 이 일곱 말씀 모두가 불신자들에게 하신 말씀이 아니라는 점입니다.

- 마태복음 5:1 예수께서 무리를 보시고 산에 올라가 앉으시니 제자들이 나아온지라 2. 입을 열어 가르쳐 이르시되

- 마태복음 23:15 화 있을진저 외식하는 서기관들과 바리새인들이여 너희는 교인 한 사람을 얻기 위하여 바다와 육지를 두루 다니다가 생기면 너희보다 배나 더 지옥 자식이 되게 하는도다.

첫째, 택함 받은 제자들을 대상으로 하신 말씀입니다!
둘째, 외식하는 유대교 신앙인들에게 하신 말씀입니다!

이외에 나머지 지옥에 관한 말씀도 보면, 예수님은 제자들과 택함 받은 이스라엘 백성들만을 대상으로 경고하셨다는 사실을 알 수 있습니다. 따라서 진짜 지옥을 두려워할 사람들은 불신자들보다는 예수 믿되 바리새인들이나 서기관들처럼 외식外

飾하는 신앙인 즉 무늬만 교인인 사람들일 것입니다.

'예수 천국 불신 지옥'이라는 표어 대신 '예수 구원 불신 심판'이라고 바꿔서 전도에 활용하는 것이 보다 성경적이요 보다 바람직할 것이라는 생각을 해 보았습니다.

24. 부활?
믿어도 되나요?

어느 날 공원에서 하루살이 군과 모기 양이 만났습니다. 노총각 하루살이 군은 모기 양에게 첫눈에 반한 나머지 소중한 하루를 몽땅 보내버렸답니다. 석양이 곱게 물든 아름다운 저녁노을을 바라보며 그들은 헤어지는 순간을 못내 아쉬워합니다. 이처럼 아쉬운 중에 모기 양이 이별을 고합니다. "하루살이 씨, 우리 내일 만나요!" 그러자 하루살이 군은 의아해하며 이렇게 읊조립니다. "내일? 내일이 어디 있어?"

혼? 절대로 죽지 않는다!

■ 요한복음 5:29 선한 일을 행한 자는 생명의 부활로, 악한 일을 행한 자는 심판의 부활로 나오리라.

예수께서 인간은 모두 죽었다가 다시 살아난다고 가르치셨습니다. 믿는 자들은 영생의 부활로, 믿지 않는 자들은 심판의 부활로! 부활이 믿어지지 않습니까? 죽음은 믿어지는지요? 죽음이 무엇인지 아십니까? 여호와 하나님을 몰랐던 우리 조상들도 사람은 혼(魂)과 백(魄)으로 되어 있다가 죽으면 백은 땅으로 돌아가고, 혼은 공중을 떠돈다고 믿었습니다. 그렇습니다. 죽음은 백인 몸의 죽음입니다. 우리 혼은 죽지 않습니다. 왜냐하면 혼은 흙에서 나온 썩는 존재가 아니기 때문입니다. 그렇다면 과연 우리 혼은 육신을 떠나 어떻게 될까요? 이 물음에 대한 답은 우리 인간들은 결코 알 수 없고 오직 하나님만 알고 계신답니다. 그 하나님께서 말씀하시기를 우리의 혼은 죽지 않으며 부활하여 반드시 심판을 받는다고 성경을 통해 경고하셨습니다. 삶과 대칭되는 것이 죽음이라면 **삶이 유한하므로 죽음도 유한해야 서로 대칭이 되고 이래야 맞는 것이 아닐까요?**

- 마태복음 27:50 예수께서 다시 크게 소리 지르시고 영혼이 떠나시니라.(he gave up his spirit)

- 데살로니가전서 5:23 너희의 온 영과 혼과 몸이 우리 주 예수 그리스도께서 강림하실 때에 흠 없게 보전되기를 원하노라.(May your whole spirit, soul and body be kept blameless)

세상은 사람이 육과 혼body and soul으로 되어 있다고 말합니다. 하지만 **성경을 믿는 자녀들은 사람이 영과 혼과 육**spirit, soul and body으로 되어 있다고 믿습니다. 하나님의 영과 연합하지 못한 혼soul과 하나님의 영과 연합한 영혼과는 부활의 때에 큰 차이를 보일 것입니다. 예수 믿고 성령 받은 영혼들은 부활하여 신령한 몸을 입고 하나님께로 갈 것이며, 예수 믿지 않고 성령을 거부한 혼soul들은 부활하여 심판을 받을 것입니다. 예수님은 말로만 이렇게 하신 것이 아니랍니다. 이 부활을 믿게 하시려고 당신께서 직접 죽은 자를 살리시는 기적을 여러 번 보이셨습니다. 뿐만 아니라 그분의 제자 베드로도 욥바에서 도르가의 죽은 아들을 살리게 하셨으며, 사도 바울 또한 삼층에서 떨어져 죽은 유두고라 하는 청년을 살리는 기적을 베풀게 하셨습니다. 이제 기록을 통해 알아볼까요?

죽은 자를 여럿 살리신 예수

■ 요한복음 11:25 예수께서 이르시되 나는 부활이요 생명이니 나를 믿는 자는 죽어도 살겠고,

예수께서는 스스로가 부활이시며 생명이시라고 말씀하셨습니다.

- 누가복음 7:14 가까이 가서 그 관에 손을 대시니 멘 자들이 서는지라 예수께서 이르시되 청년아 내가 네게 말하노니 일어나라 하시매 15. 죽었던 자가 일어나 앉고 말도 하거늘 예수께서 그를 어머니에게 주시니,

누가복음 7장에 보면 제일 먼저 나인 성 과부의 죽었던 아들을 살리셨습니다. 이어서 8장에 보면 유대교 회당장의 죽었던 딸을 살리셨습니다.

- 요한복음 11:43 이 말씀을 하시고 큰 소리로 나사로야 나오라 부르시니 44. 죽은 자가 수족을 베로 동인 채로 나오는데 그 얼굴은 수건에 싸였더라 예수께서 이르시되 풀어 놓아 다니게 하라 하시니라.

세 번째로 나사로를 살리셨습니다. 나사로는 죽은 지 나흘이나 지나 그의 육체는 이미 썩기 시작했습니다. 그런데 그의 시체는 예수님의 명령을 듣는 즉시 무덤에서 다시 살아났고 수족을 베로 동인 채로 걸어 나왔습니다. 이후 예수께서 예루살렘 성으로 들어가실 때 예전과 달리 많은 무리가 환영을 나왔는데 그 이유는 나사로를 살린 사건을 보거나 들은 자들 때문이었답니다.

죽은 자를 살린 제자들

- 사도행전 9:40 베드로가 사람을 다 내보내고 무릎을 꿇고 기도하고 돌이켜 시체를 향하여 이르되 다비다야 일어나라 하니 그가 눈을 떠 베드로를 보고 일어나 앉는지라 41. 베드로가 손을 내밀어 일으키고 성도들과 과부들을 불러 들여 그가 살아난 것을 보이니.

성령의 권능을 받은 예수님의 제자 베드로도 욥바에서 도르가라는 여자의 죽었던 아들 다비다를 살렸습니다.

- 사도행전 20:9 유두고라 하는 청년이 창에 걸터 앉아 있다가 깊이 졸더니 바울이 강론하기를 더 오래 하매 졸음을 이기지 못하여 삼 층에서 떨어지거늘 일으켜보니 죽었는지라 10. 바울이 내려가서 그 위에 엎드려 그 몸을 안고 말하되 떠들지 말라 생명이 그에게 있다 하고 11. 올라가 떡을 떼어 먹고 오랫동안 곧 날이 새기까지 이야기하고 떠나니라 12. 사람들이 살아난 청년을 데리고 가서 적지 않게 위로를 받았더라.

사도 바울도 죽었던 청년 유두고를 성령의 권능으로 살렸습니다.

4장. 교회와 천국도 알고 싶어요

예수님의 부활

- 이사야 26:19 주의 죽은 자들은 살아나고 그들의 시체들은 일어나리이다 티끌에 누운 자들아 너희는 깨어 노래하라 주의 이슬은 빛난 이슬이니 땅이 죽은 자들을 내놓으리로다.

- 에스겔 37:13 내 백성들아 내가 너희 무덤을 열고 너희로 거기에서 나오게 한즉 너희는 내가 여호와인 줄을 알리라.

하나님께서는 예수님이 오시기 800여 년 전에 이사야 선지자를 통해서, 또한 600년 전 즈음에 에스겔 선지자를 통해서 부활을 약속하신 바 있습니다.

- 마가복음 16:5 무덤에 들어가서 흰 옷을 입은 한 청년이 우편에 앉은 것을 보고 놀라매 6. 청년이 이르되 놀라지 말라 너희가 십자가에 못 박히신 나사렛 예수를 찾는구나 그가 살아나셨고 여기 계시지 아니하니라 보라 그를 두었던 곳이니라.

예언자들의 예언과 그분이 직접 약속하신대로 예수님은 실제로 부활하셨습니다.

■ 사도행전 1:3 그가 고난 받으신 후에 또한 그들에게 확실한 많은 증거로 친히 살아 계심을 나타내사 사십 일 동안 그들에게 보이시며 하나님 나라의 일을 말씀하시니라.

■ 고린도전서 15:4 장사 지낸 바 되셨다가 성경대로 사흘 만에 다시 살아나사 5. 게바에게 보이시고 후에 열두 제자에게와 6. 그 후에 오백여 형제에게 일시에 보이셨나니,

부활을 확증하시기 위해 예수께서는 사흘 만에 무덤에서 살아 나셨지요. 그뿐만 아니라 40일 간 이 세상에 계시면서 하나님 나라의 일을 말씀하셨습니다. 바울 사도는 500여 명의 제자들이 부활하신 주님을 일시에 보았다고 증언했습니다.

■ 사도행전 1:10 올라가실 때에 제자들이 자세히 하늘을 쳐다보고 있는데 흰 옷 입은 두 사람이 그들 곁에 서서 11. 이르되 갈릴리 사람들아 어찌하여 서서 하늘을 쳐다보느냐 너희 가운데서 하늘로 올려지신 이 예수는 하늘로 가심을 본 그대로 오시리라 하였느니라.

예수님은 많은 제자들이 보는 가운데 하늘로 올라 가셨습니다. 그리고 다시 오시겠다고 천사들을 통해 약속하셨습니다. 그렇다면 우리는 과연 언제 부활할까요?

4장. 교회와 천국도 알고 싶어요

우리는 언제 어떻게 왜 부활하나요?

■ 요한복음 6:40 내 아버지의 뜻은 아들을 보고 믿는 자마다 영생을 얻
는 이것이니 마지막 날에 내가 이를 다시 살리리라 하시니라.

예수님께서는 믿는 자들을 마지막 날에 다시 살리시겠다고
약속하셨습니다. 마지막 날이란 예수께서 이 땅에 다시 오시는
때를 말합니다. 그렇다면 우리는 과연 어떤 모습으로 부활할까
요?

■ 고린도전서 15:42 죽은 자의 부활도 그와 같으니 썩을 것으로 심고
썩지 아니할 것으로 다시 살아나며 43. 욕된 것으로 심고 영광스러운
것으로 다시 살아나며 약한 것으로 심고 강한 것으로 다시 살아나며
44. 육의 몸으로 심고 신령한 몸으로 다시 살아나나니 육의 몸이 있
은즉 또 영의 몸도 있느니라.

인간은 아담 안에서 흙으로 지음 받아 일생을 살다가 흙으로
돌아가 썩지만, 예수 믿는 성도들은 마지막 때에 결코 썩지 않
는 하늘의 신령한 몸으로 다시 살아난다고 성경은 말합니다.

■ 갈라디아서 5:1 그리스도께서 우리를 자유롭게 하려고 자유를 주셨으니 그러므로 굳건하게 서서 다시는 종의 멍에를 메지 말라.

예수께서 오시기 전에 우리 모두는 율법의 멍에를 지고 사는 죄의 종이었습니다. 비유하자면 애벌레와 같은 흉물스런 모습이었던 것입니다. 부자유한 존재였지요. 그러나 예수께서 다시 오시는 마지막 때에는 그분을 믿는 성도들은 애벌레가 나비의 모습으로 변모되듯이 그렇게 아름답고 자유로운 모습으로 변형될 것입니다. 그렇다면 예수께서는 우리를 왜 부활시키시나요?

■ 고린도전서 15:50 형제들아 내가 이것을 말하노니 혈과 육은 하나님 나라를 이어 받을 수 없고 또한 썩는 것은 썩지 아니하는 것을 유업으로 받지 못하느니라.

믿는 성도들을 부활하게 하심은 하나님 나라의 백성 삼으시고 자녀 삼으셔서 그 나라를 상속하게 하려 하심입니다.

맺음

무지한 인간들이지만 신을 전지전능하신 존재라고 정의합니다. 이렇게 잘 정의해 놓고도 인간들은 신의 전지전능하심을 제 맘대로 부정하고 의심합니다. 스스로 모순된 행동을 하며 겁도 없이 살아가지요. **"내가 땅의 기초를 놓을 때에 네가 어디 있었느냐 네가 깨달아 알았거든 말할지니라."** 이 질문에 답할 수 있으시다면 당신은 능히 신을 부정할 만한 사람입니다. 그렇지 않을진대 어찌 온 우주만물이 저절로 만들어졌다는 근거 없는 말을 할 수 있나요?

부활? 모든 인간을 누구도 예외 없이 죽게 하신 전능하신 신에게 그깟 부활이 뭐 그리 어렵단 말입니까? 여반장如反掌이지요.

- 요한복음 20:24 열두 제자 중에 하나인 디두모라 하는 도마는 예수 오셨을 때에 함께 있지 아니한지라 25. 다른 제자들이 그에게 이르되 우리가 주를 보았노라 하니 도마가 가로되 내가 그 손의 못자국을 보며 내 손가락을 그 못자국에 넣으며 내 손을 그 옆구리에 넣어 보지 않고는 믿지 아니하겠노라 하니라 26. 여드레를 지나서 제자들이 다시 집 안에 있을 때에 도마도 함께 있고 문들이 닫혔는데 예수께서 오사 가운데 서서 가라사대 너희에게 평강이 있을찌어다 하시고 27. 도마에게 이르시되 네 손가락을 이리 내밀어 내 손을 보고 네 손을 내밀어 내 옆구리에 넣어보라 그리하고 믿음 없는 자가 되지 말고 믿는 자가 되라 28. 도마가 대답하여 가로되 나의 주시며 나의 하나님이시니이다.

부활? 예수님의 열두 제자들조차도 처음에는 믿지 않았습니다. 예수께서 잡히시던 밤에 모두 도망쳤던 매우 비겁했던 제자들입니다. 그들이 부활하신 주님을 만나지 않았다면, 사도 요한과 예수님을 팔고 자살한 가룟 유다를 뺀 나머지 열 명의 제자들이 어찌 다 용감하게 순교할 수 있었겠습니까?

부활은 장사한 지 사흘 만에 다시 살아나신 예수님의 약속입니다!
부활을 허락하신 여호와 하나님께 영광과 감사와 찬양을 올립시다!

인생은 엄마의 궁宮, 그러니까 엄마의 자궁子宮에서 나와 하나님 아버지의 궁宮, 천성天城으로 가는 여정이지요. 우리는 죽은 후에 개돼지나 소 같은 축생으로 환생하는 비천한 존재들이 결단코 아닙니다. 우리는 주님 다시 오실 때 부활해서, 천국을 상속받을 하늘나라의 왕자요 공주들입니다.

부디, 죽으러 사는 人生길을 벗어나서 영원히 사는 生命길로 걸음을 옮기소서!

맺음말

나 같은 죄인 살리신 주 은혜 놀라워 잃었던 생명 찾았고 광명을 얻었네.

– 찬송가 'Amazing grace' 중

1975년 육군사관학교 제31기로 임관한 후, 약 15년 동안 군에 있다가, 지난 1989년에 자원하여 예편을 했습니다. 예편 후 3년 차에 지인知人을 돕다 보니 과중한 빚을 지게 되었고, 실직까지 해서 비관한 나머지 결국 죽음 앞에 이르러 쓰러지고 말았지요. 바로 그 순간에 주님이 제게 찾아오셨습니다. 그때 주님과 제가 나누었던 대화입니다.

"20년 동안 주님을 외면한 채, 저 잘났다고 살아오다가 실패한 마당에 왜 찾아오셔서 손을 내미십니까? 부끄럽습니다. 제발 그냥 밟고 지나가 주세요!"

"네가 실패했느냐?"

"돈, 명예, 권력 다 잃어버렸는데 이게 실패한 것 아닙니까?"

"돈? 명예? 권력? 그런 것들 내게 올 때 하나도 못 가져온단다!"

주님은 제가 미처 생각하지 못했던, 어찌 보면 지극히 평범한 이 진리의 말씀으로 저를 깨우치시고 일으켜 세우셨습니다. 그러고 나서 제게 큰 은혜를 주고 가셨습니다. 성령을 주셔서 15일 만에 성경을 다 읽게 하셨습니다. 그로부터 7년이 지난 어느 날, 새벽기도 중이던 제게 다시 찾아오셔서 전혀 예기치 못했던 교회 개척의 사명을 주셨습니다.

"주님! 하필이면 왜 접니까? 저는 돈도 없고 명예도 없고 권력도 없습니다! 잘 아시잖아요?"

"돈? 명예? 권력? 그런 건 나한테 다~있단다."

"에이, 그래도 저는 아니지요!"

"얘야, 넌 그래도 글도 모르던 베드로보단 낫지 않니?"

"넌 그저 순종만 하면 된단다."

무슨 말을 더 할 수 있었겠습니까? 꼼짝없이 명령에 순종하여 교회를 개척했답니다. 그때는 정말 꿈꾸는 것 같았습니다.

낮에 모여도 좋고 밤에 모여도 좋고
매일 만나도 좋고 나가 만나도 좋고

그런데 꿈은 역시 오래가지 않더군요. 교회를 개척한 지 2년도 채 되지 않은 어느 날 갑자기 개척 목사님께서 교회를 포기하고 떠나가셨습니다. 모두 다 뿔뿔이 흩어졌지만, 주님의 개척 명령을 차마 거역할 수 없었던 이 미련한 자가 급히 교회를 집으로 옮겨 놓고 후임 목사님을 기다리며 섬기게 되는데, 이 소임이 10년을 넘길 줄이야 어찌 알았겠습니까.

그때 주님이 제게 주신 은혜의 말씀! 성도들과 함께 즐겁게 나누었던 생명의 말씀! 주님이 제게 대언하라고 주셨던 그 귀한 말씀들을 다시 묵상하며 책으로 엮었지요.

우물가의 여인보다 더 천박한 이 못난 탕자를 찾아오셔서, 죽음에서 살리신 은혜가 이미 족하거늘, 환갑 즈음에는 자녀교육서『자식농사 천하대본』을 저술하게 하시더니, 이제 결혼 40주년에, 감히 주님을 증거하는 신앙서적을 써서 출판하게 하시니 참으로 분에 넘치는 은혜요, 참으로 두려운 은혜입니다. 이제 구하오니 이 아둔한 자 주신 계시가 많고 깊으나 이를 다 표현하지 못했음을 용서하소서.

■ 시편 23편 1 여호와는 나의 목자시니 내게 부족함이 없으리로다. 2. 그가 나를 푸른 풀밭에 누이시며 쉴 만한 물가로 인도하시는도다. 3. 내 영혼을 소생시키시고 자기 이름을 위하여 의의 길로 인도하시는도다. 4. 내가 사망의 음침한 골짜기로 다닐지라도 해를 두려워하지 않을 것은 주께서 나와 함께 하심이라 주의 지팡이와 막대기가 나를 안위하시나이다.

주님! 주님이 동행하시고 인도해 주신 저의 인생 후반전, 너무나도 행복했습니다! 다윗의 이 고백이 저의 고백이 되게 하셨으니 주님, 감사합니다. 주님, 사랑합니다. 곧 제 인생 70성상, 돌이켜보니 **형통한 세월보다는 주님이 함께해 주신 고난의 세월이 가장 행복한 시간이었음을 고백합니다.**

살아계신 주님! 주님을 영원히 찬양합니다!

– 주님의 손에 잡힌 또 하나의 몽당연필, 채드로 씀

감사 인사

이 책은 저의 신앙을 이끌어 주신 여러 목사님들의 가르침과 가족의 기도와 친우들의 도움이 있었기에 만들어졌습니다.

먼저 목사님들께 감사드립니다.

– 배재고등학교 서기택 교목님.

– 분당 예닮교회(첫 교회) 김진호 목사님.

– 사랑하는교회(개척 교회) 김광태 목사님, 정용신 전도사님, 개척 성도 여러분.

– 의림교회(현 교회) 김명헌 목사님, 유희수 부목사님.

– 감수해 주신 이남택 목사님.

책을 만드는 동안 도움 주신 분들께도 감사드립니다.

– 행복에너지 권선복 대표님과 유수정 님과 김소영 님과 직원분들.

– 사랑주간보호센터 김봉선 실장과 직원들과 어르신들.

– 교정과 의견을 주신 고향 친구 김호근, 김현우 장군, 유정일 동기.

끝으로 기도로 도운 조강지처 조인선 성도, 아들 상훈과 딸 사영 성도, 사위 염창민 성도와 며느리 전주연 성도에게도 고마움을 표합니다.

이 책이 천만 기독교 성도들은 물론
비기독교인 독자들께도
널리 반향을 일으키길 희망합니다!

권선복
(도서출판 행복에너지 대표이사)

저자 채성남 님은 지난 2013년『자식농사 천하대본』출간을 의뢰해 오실 때부터 저희 '행복에너지'와 인연을 맺어 오신 소중한 작가이십니다. 자녀 교육에 대한 남다른 소신과 통찰을 갖고 계신 분이시라는 사실은 익히 알고 있었으나 신앙적으로도 이렇게 깊은 깨달음과 연륜을 쌓아 오신 분인 줄은 미처 몰랐습니다.

기독교인들이 믿는 여호와(야훼)께서 왜 참 신神이신지를 분별하는 방법론에서부터 시작해서 예수님을 통한 죄 사함과 십자가 죽으심의 진정한 의미 등 누구나 알고 싶은 24가지 주제들을 잘 선정하여 이들을 쉽고도 흥미 있게 또한 적절한 비유를 들어 매우 설득력 있게 설명함으로써 비기독교인들조차도 큰 공감과 감동을 받을 수밖에 없는 훌륭한 책입니다.

　아무튼 이 귀한 책이 천만 성도들은 물론이요 비기독교인들께도 널리 읽혀져서 큰 반향을 일으키는 책이 되기를 기대합니다. 끝으로『빛과 다이아몬드』의 편집을 진행하는 내내 저와 저희 담당 직원들 모두 행복했음을 고백합니다. 감사합니다. 사랑합니다.

도서출판 행복에너지의 책을 읽고 후기글을 네이버 및 다음 블로그, 전국 유명 도서 서평란(교보문고, yes24, 인터파크, 알라딘 등)에 게재 후 내용을 도서출판 행복에너지 홈페이지 자유게시판에 올려 주시면 게재해 주신 분들께 행복에너지 신간 도서를 보내드립니다.

www.happybook.or.kr
(도서출판 행복에너지 홈페이지 게시판 공지 참조)

사실, 당신이 보석입니다

이승규 지음 | 값 15,000원

『사실, 당신이 보석입니다』는 자신의 운명에 굴하지 않고 칠전팔기의 노력 끝에 꿈을 달성한 저자의 경험이 고스란히 녹아있는 책이다. 살다보면 내가 원하지 않았던 일이 오히려 나의 꿈을 키워줄 수도 있다는 사실을 굳게 믿은 저자는 졸업 후 스펙 부족의 좌절을 뚫고 영어라는 열쇠에 매달려 호텔과 면세점을 거쳐 국제보석감성자로 우뚝 서게 된다. 어려운 시대, 젊은이들이 다시금 꿈과 희망을 가지는 데에 큰 도움이 될 수 있을 것이다.

행복에너지(개정판)

권선복 지음 | 값 20,000원

이 책 『행복에너지 – 하루 5분 나를 바꾸는 긍정훈련』은 2014년 첫 출간되어 출간 보름 만에 인터파크 종합 베스트셀러 1위, 교보문고 자기계발부문 베스트셀러 3위에 오른 권선복 도서출판 행복에너지 대표의 저서를 2020년에 맞추어 새롭게 출간한 책이다. "긍정도 훈련이다"라는 발상의 전환을 통해 삶을 행복으로 이끄는 노하우, '하루 5분 긍정훈련'을 제시하며 이를 기반으로 실생활에서 경험한 구체적인 긍정의 성공 사례를 펼쳐나간다.

대왕고래의 죽음과 꿈 가진 제돌이

김두전 지음 | 값 20,000원

저자는 제주에서 태어나 거의 전 생애를 살아왔으며, 자신이 태어난 땅과 자연, 사람들에게 깊은 애착을 가지고 이 소설을 구상했다. 제주 김녕마을에 전해져 오는 대왕고래 전설과 인간에게 불법포획되어 수족관에 갇혀 살다가 4년 만에 자유를 찾은 돌고래 제돌이의 실화가 어우러진 이야기 속에서 제주의 고유한 전승과 문화, 자연과 사람들이 살아 숨 쉰다. 160여 년을 넘나드는 제주의 생명력이 독자들의 마음에도 웅대한 감동을 남길 것이다.

그림으로 생각하는 인생 디자인

김현곤 지음 | 값 13,000원

이 책은 급격한 사회변화 속 어려움에 놓인 모든 세대들에게 현재 국회미래연구원장으로 활동 중인 미래전략 전문가, 김현곤 박사가 제시하는 손바닥 안의 미래 전략 가이드북이다. 같은 분야의 다른 책들과 다르게 간단하고 명쾌한 그림과 짧막한 문장만으로 이루어진 것이 특징이며 독자들은 단순해 보이는 내용을 통해 미래에 대한 불안과 혼란에서 벗어나는 것뿐만 아니라 행복한 미래를 설계하는 통찰을 얻을 수 있을 것이다.

하루 5분 나를 바꾸는 긍정훈련

행복에너지

**'긍정훈련'당신의 삶을
행복으로 인도할
최고의, 최후의'멘토'**

'행복에너지
권선복 대표이사'가 전하는
행복과 긍정의 에너지,
그 삶의 이야기!

인터파크
자기계발 분야 주간
베스트 1위

권선복 지음 | 15,000원

권선복

도서출판 행복에너지 대표
지에스데이타(주) 대표이사
대통령직속 지역발전위원회
문화복지 전문위원
새마을문고 서울시 강서구 회장
전 팔팔컴퓨터 전산학원장
전 강서구의회(도시건설위원장)
아주대학교 공공정책대학원 졸업
충남 논산 출생

책 『하루 5분, 나를 바꾸는 긍정훈련 - 행복에너지』는 '긍정훈련' 과정을 통해 삶을
업그레이드하고 행복을 찾아 나설 것을 독자에게 독려한다.
긍정훈련 과정은 [예행연습] [워밍업] [실전] [강화] [숨고르기] [마무리] 등 총
6단계로 나뉘어 각 단계별 사례를 바탕으로 독자 스스로가 느끼고 배운 것을 직접
실천할 수 있게 하는 데 그 목적을 두고 있다.
그동안 우리가 숱하게 '긍정하는 방법'에 대해 배워왔으면서도 정작 삶에 적용시키
지 못했던 것은, 머리로만 이해하고 실천으로는 옮기지 않았기 때문이다. 이제
삶을 행복하고 아름답게 가꿀 긍정과의 여정, 그 시작을 책과 함께해 보자.

『하루 5분, 나를 바꾸는 긍정훈련 - 행복에너지』